Silvia Möller
Gefahr am Waldsee

Silvia Möller

Gefahr am Waldsee

Mit Illustrationen von Manfred Tophoven

Kaufmann Verlag

Bibliografische Information der Deutschen Bibliothek
Die Deutsche Bibliothek verzeichnet diese Publikation in der
Deutschen Nationalbibliografie; detaillierte bibliografische Daten
sind im Internet unter http://dnb.ddb.de abrufbar.

1. Auflage 2022
© 2022 Verlag Ernst Kaufmann, Lahr

Druck und Bindung: ADverts Printing House
ISBN 978-3-7806-6411-2

Inhalt

Jede Menge Müll

„Ketchup?" Felix traut seinen Augen kaum und auch Melli staunt nicht schlecht. Gerade kommt ein rotbraunes, wuscheliges Etwas um die Ecke geflitzt – dicht gefolgt von ihrem Freund Jonas.

„Warum bringst du denn deinen Hund mit zur Gruppenstunde?", fragt Melli verwundert, als Jonas wenig später neben ihr steht, und krault Ketchup zärtlich den Kopf.

„Meinst du, er braucht auch ein bisschen Kommunionvorbereitung?", erkundigt sich Felix lachend und knufft seinen besten Freund in die Seite.

Jonas schüttelt den Kopf. „Ketchup war noch nicht Gassi", erklärt er dann zerknirscht und schimpft los. „Daran ist nur Herr Kobel schuld! Ich habe ewig lange an den Matheaufgaben gesessen, am Ende hatte ich keine Zeit mehr und …"

„Deshalb darf Ketchup jetzt zwischen Kirchenbänken und Kerzenständern spazieren gehen?", meint Felix stirnrunzelnd.

„Quatsch! Wir gehen doch heute in den Park und sammeln Müll", antwortet Jonas. „Hast du das vergessen?"

Felix macht große Augen und schlägt sich mit der Hand vor die Stirn. „Mist! Ich habe keine Handschuhe dabei."

„Kein Problem!", sagt Melli lässig, holt zwei Paar aus ihrem Rucksack und reicht eins Felix. „Du kannst welche von mir haben."

„Cool, danke!" Felix schnappt sich ein Paar.

„Typisch Felix", meint Jonas grinsend.

Felix und Jonas sind schon seit dem Kindergarten beste Freunde. In der ersten Klasse kam dann Melli dazu. Sie heißt eigentlich Melanie, aber den Namen mag sie nicht besonders, deshalb sagen alle nur Melli, sogar die Lehrer. Zusammen gehen die drei in die 3a der Hans- Susemihl-Grundschule und in ein paar Wochen zum ersten Mal zur Kommunion. Seit Anfang November bereiten sie sich mit Pfarrer Berg, Nils, Ben, Leni und Kathi auf das große Fest vor. Dafür treffen sie sich einmal in der Woche im Pfarrhaus von Sankt Anna, hören spannende Geschichten aus der Bibel, singen, basteln und spielen zusammen. Felix, Jonas und Melli hätten nie gedacht, dass ihnen die Vorbereitung so viel Spaß machen würde. Aber Pfarrer Berg ist auch wirklich klasse! Er ist nie schlecht gelaunt und immer offen für ihre Ideen. So hat er auch sofort zugestimmt, als die Kinder ihm vorgeschlagen haben, bei der großen Müllsammelaktion von Neustadt mitzumachen. Schon seit Wochen hängen überall in der Stadt Plakate mit der Überschrift ‚Unser Ort soll sauber werden'.

„Die Fußballwiese im Stadtpark hat es echt nötig", hat Nils schon bei der letzten Kommunionstunde aufgebracht berichtet. „Die ist immer total zugemüllt. Das gefällt Gott doch bestimmt nicht, oder?"

„Nein, ganz sicher nicht!", hat Pfarrer Berg geantwortet und gemeinsam haben sie beschlossen, etwas dagegen zu unternehmen.

„Wo bleiben die anderen nur?" Ungeduldig streift Felix sich die Handschuhe über und schaut sich suchend um.

„Da!", ruft Melli und deutet die Straße hinunter.

Dort kommt Nils angerannt und hinter ihm folgen Kathi, Leni und Ben. Ketchup begrüßt jeden Einzelnen schwanzwedelnd und lässt sich ausgiebig streicheln. Er genießt die Aufmerksamkeit sichtlich – bis sich die Tür vom Pfarrhaus öffnet und Pfarrer Berg erscheint.

Sofort saust Ketchup auch auf ihn zu.

„Ja, wer bist du denn?", fragt Pfarrer Berg und krault dem Hund liebevoll durchs Fell.

„Das ist Ketchup. Ich darf ihn doch mitnehmen, oder?", fragt Jonas vorsichtig.

Pfarrer Berg nickt. „So ein süßer Kerl, da kann ich ja gar nicht Nein sagen", meint er schmunzelnd, während er Müllsäcke und Greifzangen an die Kinder verteilt. „Die habe ich mir vom Hausmeister eurer Schule ausgeliehen", erzählt er dabei.

Felix reckt seine Zange wie ein Schwert in die Luft. „Auf geht's!", ruft er voller Tatendrang. „Die Ko-Kids von Sankt Anna retten die Welt."

„Lass uns erst mal mit dem Stadtpark anfangen, Ritter Müll", lacht Melli und gemeinsam mit Pfarrer Berg machen sich die Kommunionkinder auf den Weg.

Der Stadtpark liegt zu Fuß keine zehn Minuten von der Kirche entfernt. Dort gibt es einen tollen Spielplatz mit Kletterturm, Rutsche und Seilbahn und eine große Wiese zum Picknicken. Auf dieser kann man natürlich auch super Fußball spielen, was ganz besonders Felix freut. Er kickt einfach immer und überall – als Stürmer der E-Jugend des 1. FC Neustadt, aber auch zu Hause im Garten, in den Pausen auf dem Schulhof oder auf dem Nachhauseweg. Dafür braucht er nicht einmal einen Ball. Die leere Plastikflasche ein paar Schritte vor ihm, zum Beispiel, eignet sich ganz hervorragend.

Voller Eifer tritt er dagegen, sodass sie quer über die Parkwiese fliegt.

„Ich hab schon was gefunden!", ruft er dabei und läuft gleich hinterher, um die Flasche wiederzuholen.

Doch Ketchup ist schneller.

„Nicht, Ketchup, aus! Das ist Müll", ruft Jonas und fischt die Flasche vorsichtig aus dem Hundemaul. „Ja, so ist es brav."

„Ups, so war das eigentlich nicht gedacht", meint Felix etwas überrascht.

„Er will halt auch mit Müll sammeln", sagt Jonas grinsend und stopft die Flasche in seinen Müllsack.

„War das keine Pfandflasche?", hakt Melli nach.

Jonas schaut noch einmal auf die Flasche und schüttelt den Kopf. „Nee, Einweg."

„Na dann", meint Melli und fischt mit ihrer Zange eine leere Chipstüte unter einem Busch hervor.

Auch die anderen Kinder und Pfarrer Berg finden reichlich Müll zwischen den Sträuchern, hinter den Bäumen und auf dem Spielplatz. Viel zu schnell füllen sich die Säcke mit Bonbonpapieren,

Plastiktüten, Zeitungen, leeren Zigarettenschachteln und Flaschen.

„Was die Leute alles wegwerfen!", schimpft Jonas ärgerlich. „Ich hab sogar einen alten Turnschuh gefunden."

„Und ich einen kaputten Regenschirm." Melli schüttelt den Kopf.

„Wäre er noch ganz, könnten wir ihn gleich gut gebrauchen", meint Felix und deutet Richtung Himmel, wo dicke, schwarze Wolken aufgezogen sind. „Sieht schwer nach Regen aus."

Und auch Pfarrer Berg ruft plötzlich von der anderen Seite der Wiese: „Schluss für heute, Kinder! Wir gehen lieber zurück zum Pfarrhaus, bevor wir alle noch patschnass werden."

Schnell schnappt sich Melli noch die leere Getränkedose direkt vor ihren Füßen und Jonas eine zerknüllte Bonbontüte. Dann machen sich die Kommunionkinder mit Pfarrer Berg auf den Rückweg.

Doch kaum haben sie den Park verlassen, prasseln auch schon die ersten dicken Regentropfen auf sie herunter.

„Nun aber los!", ruft Felix und beginnt zu rennen.

Aber das ist mit dem schweren Müllsack in seiner Hand gar nicht so einfach. Immer wieder schlägt der volle Beutel beim Laufen gegen seine Beine und lässt ihn schließlich straucheln. Beinahe wäre Felix der Länge nach hingefallen.

„Verflixter Mist", flucht er leise und läuft etwas langsamer.

Auch den anderen, die die übrigen drei Säcke tragen, ergeht es nicht besser. Als sie schließlich wenig später das schützende Vordach von Sankt Anna erreichen, ist die ganze Kommuniongruppe vollkommen durchnässt.

„Was für ein Wolkenbruch!", stöhnt Pfarrer Berg und wischt sich mit einem Taschentuch die Tropfen von der Brille. „Am besten stelle ich die Säcke erst mal in meine Garage. Und ihr flitzt schnell nach Hause und zieht euch trockene Sachen an", bestimmt er nun. „Sonst liegt ihr morgen alle mit einer fiesen Erkältung im Bett. Wir sehen uns dann ja am Sonntag zum Gottesdienst. Dann habe ich vielleicht auch eine kleine Überraschung für euch", fügt er mit einem verschmitzten Grinsen hinzu. „Schließlich habt ihr heute tolle Arbeit geleistet!"

„Cool!", rufen Felix, Jonas und Melli im Chor und verabschieden sich.

Die Baumhauspiraten

Am kommenden Sonntag macht sich Felix zusammen mit seinen Eltern und seiner kleinen Schwester Pia um kurz vor zehn auf den Weg zur Kirche. Er ist schon richtig gespannt auf die Überraschung, die Pfarrer Berg versprochen hat.

„Vier Säcke, alle randvoll", berichtet er dabei nicht ohne Stolz.

„Das habt ihr wirklich ganz toll gemacht", lobt Felix' Mutter.

„Besser wäre es allerdings, wenn die Leute ihren Müll erst gar nicht in die Natur schmeißen würden", brummt Felix' Vater.

„Stimmt!" Felix will gerade aufzählen, was sie alles gefunden haben, als Jonas und Melli ihnen entgegengelaufen kommen.

„Der Gottesdienst fällt aus!", platzt es aus Jonas heraus, kaum dass er vor Felix steht. „Pfarrer Berg ist krank."

„Oje, wahrscheinlich hat er sich nach dem Müllsammeln erkältet, so nass wie er war", murmelt Felix. Der arme Pfarrer.

„Die Überraschung gibt es aber trotzdem", meint Melli und hält Felix einen dicken Schokomuffin entgegen. „Megalecker!"

Wow, der sieht aber gut aus! Felix läuft das Wasser im Mund zusammen.

„Melli und ich haben unseren schon verputzt", erklärt Jonas und leckt sich die Lippen. „Die Küsterin, Frau Krause, hat sie extra für uns gebacken."

Felix nimmt seinen Muffin und beißt beherzt hinein. „Mhhhh – und waff maffen wir jetzt?", fragt er dann mit vollem Mund. „Ich meine, wenn die Messe ausfällt?"

„Marco und ich haben gestern in dem kleinen Wäldchen bei uns in der Nähe einen großen Baum entdeckt. Der ist perfekt für ein Baumhaus. Wir wollten doch schon immer ein Bandenversteck und das wäre einfach super. Soll ich es euch zeigen?"

Marco ist älter als Melli und meganett. Er hat den dreien versprochen, beim Bau eines supercoolen Bandenverstecks zu helfen.

„Au ja, coole Idee!" Jonas ist Feuer und Flamme. „Vorher holen wir aber noch schnell Ketchup, okay?", wirft er ein.

„Das machen wir!", ruft Felix begeistert. Dann dreht er sich zu seinen Eltern um: „Darf ich?", fragt er schnell.

„Na, ihr seid ja nicht mehr zu bremsen", lacht Felix' Mutter. „Aber um eins gibt es Mittagessen."

„Bis dahin bin ich wieder zu Hause", verspricht Felix und die drei flitzen los.

Sie rennen die Marktstraße hinunter, laufen den Heckenweg entlang und biegen schließlich in die Turmallee. Hier wohnt Jonas mit seinen Eltern in einem großen gelben Haus in der oberen Etage. Im Erdgeschoss direkt unter ihrer Wohnung befindet sich die Tischlerei seines Vaters.

„Bin gleich wieder da", ruft Jonas, saust ins Haus und ist keine fünf Minuten später mit Ketchup an der Leine wieder draußen.

Der Hund freut sich über den kleinen Ausflug. Fröhlich hüpft er zwischen Jonas, Felix und Melli hin und her, bis sie schließlich die kleine Siedlung am Stadtrand erreichen. Melli wohnt hier mit ihren Eltern und ihrem Bruder Marco in der Beethovenstraße. Ganz in der Nähe von Mellis Haus führt ein Schotterweg zwischen zwei Feldern hindurch zu einem kleinen Waldstück.

„Der Baum ist richtig groß, aber nicht zu hoch, und hat dicke Äste, einfach super für unser Baumhaus", schwärmt Melli, als sie dem

Waldrand näher kommen. „Es ist nicht mehr weit, wir müssen nur da vorne um die Kurve und dann auf den Waldweg abbie…"

Doch weiter kommt sie mit ihrer Erklärung nicht.

Plötzlich kommt ihnen auf dem schmalen Pfad ein schmutzig-weißer Kastenwagen entgegengerast. Felix, Jonas und Melli können mit Ketchup gerade noch rechtzeitig zur Seite springen, sonst hätte er sie glatt umgefahren.

„Der spinnt doch!", ruft Felix aufgebracht und droht dem Fahrer nachträglich mit der Faust.

„So ein Blödmann!", schimpft auch Melli, während Jonas dem laut bellenden Ketchup beruhigend übers Fell streichelt.

„Alles gut, mein Kleiner, das war nur ein doofer Autofahrer."

„Ein saudoofer!", bekräftigt Felix. „Den müsste man der Polizei melden, der war doch viel zu schnell!"

„Recht hast du", Melli nickt grimmig. „Konnte sich einer von euch das Kennzeichen merken?"

Felix und Jonas schütteln den Kopf.

„Mist, ich auch nicht." Frustriert tritt Melli einen Stein ins angrenzende Feld und seufzt. „Kommt, gehen wir weiter. Schließlich müsst ihr bis zum Mittagessen zurück sein", erinnert sie die Jungen dann. „Von so einem bescheuerten Typen lassen wir uns doch nicht unseren Baumhausplan vermiesen, oder?"

„Auf gar keinen Fall!", sagt Jonas und wirft ein Stöckchen für Ketchup: „Los, Ketchup, auf geht's!"

„Na gut", brummt Felix. Er ist immer noch etwas sauer. So ein Idiot! Aber was solls! Er holt einmal tief Luft und schiebt dann den Gedanken an den rücksichtslosen Autofahrer endgültig beiseite. „Auf zum Bandenversteck!", ruft er und reckt lachend den Daumen hoch.

„Der Baum liegt ziemlich in der Mitte", erzählt Melli, als sie kurz darauf am Wäldchen ankommen. „Wir müssen hier den schmalen Trampelpfad nehmen. Aber vorsichtig! Links und rechts sind wilde Brombeerbüsche, die können ganz fies piksen."

„Alles klar!", sagt Felix und auch Jonas wirft einen Blick auf die dornenreichen Äste am Wegesrand.

Im Gänsemarsch folgen sie Melli durch das Dickicht, bis sie schließlich bei einer alten, knorrigen Eiche ankommen.

„Cool!", ruft Felix und betrachtet den Baum fachmännisch von allen Seiten. Die Eiche hat einen breiten Stamm und dicke ausladende Äste. „Da kann man super hochklettern." Felix greift schon einen Ast und zieht sich hoch. Melli folgt ihm, während Jonas zuerst Ketchup am Fuße des Baumes festbindet.

„Du wartest besser hier unten", sagt er, holt einen Kauknochen aus der Jackentasche und reicht ihn Ketchup.

Zufrieden beginnt der Hund, daran zu knabbern, und schon wenig später hockt Jonas neben Melli und Felix auf einem der unteren Äste.

„Der Platz eignet sich wirklich super für unser Bandenquartier", stellt Jonas fest.

„Finde ich auch", meint Felix und beginnt sofort zu planen. „Wir brauchen Bretter, Hammer, Nägel, Säge, Seile für die Strickleiter …"

„Und vor allem einen Bandennamen", unterbricht Melli ihn da.

„Stimmt!" Jonas überlegt. „Wie wäre es mit ‚Die drei Musketiere'?"

„Nee, die gibt es ja schon", sagt Melli. „Genauso wie ‚Die drei ???' und ‚Die drei !!!'. Wir brauchen etwas Neues."

„Aber was?", fragt Jonas.

„Coole Kids", schlägt Melli vor.

„Mhhh …" Jonas verzieht das Gesicht.

„Baumhausgang!", fällt Felix noch ein. „Immerhin bauen wir unser Bandenquartier in einer Eiche."

„Schon besser", murmelt Jonas.

Doch Melli schüttelt den Kopf. „‚Gang' klingt für mich nach Verbrecherbande."

„Dann eben Baumhauspiraten", meint Felix grinsend und hüpft mit einem Satz vom Ast. „Schließlich haben wir einen Teich direkt vor der Haustür." Er läuft die paar Schritte zum Tümpel ganz in der Nähe. „Auf dem kann man bestimmt ganz prima mit einem Holzfloß … Iiihhhh!"

Plötzlich steht Felix knöcheltief im Schlamm. „Das Ufer hier ist total matschig", ruft er erschrocken und versucht, der glitschigen Pampe unter seinen Füßen zu entkommen. Vergeblich!

„Ich stecke fest!", jammert er schließlich.

„Warte, wir helfen dir", ruft Melli und klettert in Windeseile vom Baum, dicht gefolgt von Jonas.

Ketchup bellt aufgeregt.

„Gut, aber kommt mir bloß nicht zu nahe", warnt Felix, während er immer noch ein Stückchen tiefer einsinkt. Schon rutscht ihm der kalte Schlamm von oben in seine Schuhe. „Uah, ist das eklig!" Am liebsten würde Felix sich jetzt schütteln, doch das wagt er nicht. „Einfach still stehen bleiben", versucht er sich selbst zu beruhigen.

„Wir machen eine Menschenkette", schlägt Jonas vor. „Melli hält sich mit einer Hand am Baum da drüben fest, die andere nehme ich und du schnappst dir meinen freien Arm."

„Gute Idee!" Melli geht zur Weide rüber, auf die Jonas gezeigt hat, und sucht sich einen geeigneten Ast.

Dann beginnen die beiden, mit aller Kraft zu ziehen, und am Ende hat Felix wieder festen Waldboden unter den Füßen.

„Danke!", schnauft er erleichtert und atmet zwei-, dreimal tief durch. Dann blickt er an sich herunter. Seine Hose klebt schmutzig-nass an seinen Beinen und seine Turnschuhe gleichen braunen Matschklumpen. „Das ist echt widerlich! Und meine Füße fühlen sich an wie Eiszapfen!" Prompt beginnt Felix zu bibbern und reibt sich über die Arme. „Ich glaube, ich gehe jetzt besser nach Hause und ziehe mir trockene Sachen an."

„Ja, mach das", meint Melli mitfühlend. „Es ist sowieso gleich eins", fügt sie nach einem Blick auf ihre Armbanduhr hinzu.

Gemeinsam machen sich die Freunde auf den Rückweg. Felix schlappt mit schmatzenden Schritten neben Jonas und Melli her bis zum Ende des Schotterweges. Dort trennen sich ihre Wege.

„Also, dann bis morgen, du Baumhauspirat", scherzt Jonas noch. „Und pass auf, dass du dir nicht auch eine Erkältung holst wie Pfarrer Berg." Er zwinkert Felix kumpelhaft zu und klopft ihm zum Abschied auf den Rücken.

Felix grinst zurück und schlurft los.

Schlammfüße mit Folgen

Zum Glück schimpft seine Mutter nicht, als Felix schließlich dreckverschmiert nach Hause kommt. Sie holt ihm einfach eine saubere Hose und warme Wollsocken. Dankbar zieht Felix die dreckigen Klamotten aus. Da entdeckt er komische rote Pickel und Stellen an Zehen und Knöcheln. „Was ist das denn?" Vorsichtig streicht er über die tauben Füße. „Das kommt bestimmt von der Kälte", beruhigt er sich dann, spült die Füße mit warmem Wasser ab und schlüpft schnell in die trockenen Strümpfe.

Keine zehn Minuten später sitzt Felix zwischen seinem Vater und Pia am Küchentisch.

„Mmh, Semmelklöße mit Soße und Braten", stellt er begeistert fest, als seine Mutter das Essen auf den Tisch stellt. Erst jetzt bemerkt er, wie hungrig er ist. Das hat er bei der ganzen Aufregung gar nicht gespürt.

„Na dann, guten Appetit!" Seine Mutter lächelt und verteilt die Klöße.

„Danke!" Felix lässt es sich schmecken und nimmt sich gleich noch ein Stück Fleisch.

So langsam wird ihm auch wieder warm. Doch auf einmal beginnen seine Füße ganz unangenehm zu kribbeln und zu brennen.

„Autsch!", stöhnt Felix und reißt sich die Socken wieder runter. Auf den Pickeln befinden sich nun helle Blasen, die Stellen nässen und tun richtig weh.

„Mama!", ruft Felix erschrocken.

„Um Himmels willen!" Entsetzt schaut seine Mutter auf die Pusteln und roten Stellen.

„Das sieht nach einer allergischen Reaktion aus", meint Felix' Vater besorgt.

„Ich habe ein neues Waschmittel. Ob es daran liegt?", murmelt seine Mutter nachdenklich und streichelt Felix mitfühlend über das Haar. „Mein armer Schatz! Das tut mir schrecklich leid!"

„Ich fahre zur nächsten Notfallapotheke und hole eine Salbe", erklärt sein Vater, schnappt sich den Autoschlüssel von der Anrichte und zwinkert Felix aufmunternd zu. „Bin gleich wieder da."

In der Zwischenzeit versuchen Felix und seine Mutter, seine Füße mit einem feuchten Waschlappen zu kühlen. Pia rutscht unruhig auf dem Stuhl neben Felix hin und her.

„Wird es besser?", fragt sie schließlich hoffnungsvoll.

„Ein bisschen", sagt Felix und versucht zu lächeln. Aber so ganz gelingt es ihm nicht.

Erst als sein Vater nach einer guten Stunde zurückkommt und die Salbe aufträgt, lässt das fiese Brennen langsam nach. Felix atmet auf.

„Der Apotheker hat gesagt, wir sollen die Stellen vor dem Abendessen wieder eincremen und dann noch einmal kurz vorm Schlafengehen", berichtet Felix' Vater. „Und wenn der Spuk morgen früh nicht vorbei ist, fahren wir zum Arzt."

Felix' Mutter nickt bedrückt. „Und ich kaufe ab sofort wieder unser altes Waschmittel", verspricht sie fest.

„Schon gut, Mama", murmelt Felix. „Das konntest du ja nicht wissen." Er gähnt müde. Was für ein Tag! Am besten, er ruht sich jetzt erst mal etwas aus. Felix schlurft hinüber zur Couch.

„Blöde Pickel!", schimpft Pia, die ihrem großen Bruder gefolgt ist und sich zu ihm kuschelt.

Felix grinst schief und legt einen Arm um seine Schwester. „Saublöde Pickel", wiederholt er leise und ist im nächsten Moment schon eingedöst.

Am nächsten Morgen sind die Pickel an Felix' Füßen fast vollständig wieder verschwunden und auf den nässenden Stellen hat sich eine Kruste gebildet. Deshalb darf Felix auch in die Schule gehen – und das will er auch unbedingt. Er muss Jonas und Melli doch erzählen, was gestern Mittag bei ihm zu Hause noch alles passiert ist. Felix schnappt sich sein Pausenbrot und einen Apfel, stopft beides in seinen Ranzen und flitzt los.

„Wenn ich Glück habe, ist Melli schon da", schießt es ihm währenddessen durch den Kopf. „Sie kommt nie auf den letzten Drücker, so wie Jonas." Sein bester Freund braucht morgens immer ein bisschen länger, bis er so richtig wach ist.

Tatsächlich steht Melli bereits auf dem Pausenhof.

„Du kannst dir nicht vorstellen, wie meine Füße aussahen", berichtet Felix wenig später aufgeregt. „Wie Streuselkuchen! Und gebrannt haben die, einfach schrecklich! Meine Mutter meint, es lag an ihrem neuen Waschmittel."

Da kommt auch Jonas um die Ecke.

„Ist was passiert?", fragt er neugierig.

„Felix hatte gestern einen ganz fiesen Ausschlag", fasst Melli kurz zusammen. „Und er glaubt, es kommt vom Waschmittel."

„Meine Mutter glaubt das!", berichtigt Felix. „Die Pickel waren aber schon da, als ich meine dreckigen Klamotten ausgezogen habe. Nur die Bläschen und das fiese Brennen kamen später."

„Na, dann ist doch alles klar!", sagt Melli. „Das eiskalte Wasser hat deine Haut gereizt und das neue Waschmittel hat für den Rest gesorgt."

„Klingt logisch", meint Jonas.

Felix nickt. „Gut möglich!"

Da schellt es und drei machen sich auf den Weg zum Klassenzimmer.

„Mathe", stöhnt Jonas.

„Und danach zwei Stunden Kunst." Felix knufft seinen Freund aufmunternd in die Seite. „Wir zeichnen doch Comichelden."

„Stimmt!" Sofort wird Jonas' Laune wieder besser. „Ich kann einen megacoolen Batman, zeige ich euch nachher."

„Na, da bin ich mal gespannt", sagt Melli lachend und zwinkert Felix zu. „Übrigens, sollen wir nachher mit dem Baumhaus anfangen? Marco hätte Zeit", fragt sie noch schnell. Wegen Felix' aufregender Geschichte konnte sie noch gar nicht erzählen, dass sie gestern Abend bereits mit ihrem Bruder über das Bandenversteck gesprochen hat.

„Au ja! Bretter und Werkzeug können wir aus unserer Tischlerei haben", berichtet Jonas, als sie das Klassenzimmer erreichen. „Ich hab meinen Vater gefragt."

„Super!" Melli reckt begeistert den Daumen in die Höhe und hockt sich auf ihren Platz neben Leni.

„Na, dann kann es ja losgehen!", freut sich Felix.

Jonas lacht. „Treffen wir uns um zwei bei mir? Wir haben einen alten Bollerwagen. Damit können wir die Sachen ganz bequem zum Wäldchen transportieren."

„Einverstanden!", rufen Felix und Melli im Chor, als ihr Mathelehrer, Herr Kobel, gerade den Raum betritt.

Das stinkt zum Himmel!

Wie verabredet sind Felix und Melli pünktlich um 2 Uhr bei Jonas. Nur Marco fehlt.

„Er hat total vergessen, dass er morgen einen Mathetest schreibt", schimpft Melli und pustet sich eine Haarsträhne aus dem Gesicht. „Nun schiebt er Panik und muss unbedingt noch lernen."

„Halb so schlimm", meint Felix und winkt gelassen ab. „Dann suchen wir heute schon mal Bretter, Hammer und Nägel zusammen und fangen morgen an zu bauen."

„Das machen wir!", sagt Jonas und schiebt demonstrativ seine Pulloverärmel nach oben.

In diesem Augenblick kommt auch sein Vater dazu.

„Da sind ja meine Baumeister", begrüßt er die drei lachend. „Ihr wollt euch also ein Baumhaus zimmern, tolle Sache! Ich hatte als Kind auch eins." Jonas' Vater wuschelt seinem Sohn durch die braunen Locken.

„Mensch Papa, lass das!", beschwert Jonas sich prompt und geht einen Schritt zur Seite. „Was für Sachen können wir denn nehmen?"

Jonas Vater zieht einen Zollstock aus der Brusttasche seiner blauen Latzhose und hält ihn Jonas hin.

„Erst einmal braucht ihr nur den hier", sagt er und muss schmunzeln, als die drei ihn verwirrt angucken.

„Ihr müsst zunächst den Abstand der Zweige ausmessen, die den Boden tragen sollen", beginnt er zu erklären. „Dann wisst ihr nämlich auch, wie lang die Bretter dafür sein müssen. Schließlich soll euer Baumhaus am Ende ja stabil stehen."

„Logisch", meint Felix und auch Jonas und Melli nicken.

„Außerdem müsst ihr feststellen, wie hoch euer Baumhaus werden kann", fährt Jonas' Vater fort.

„Du meinst, bis der nächste dickere Ast im Weg ist?", hakt Jonas nach.

„Ganz genau!"

„Alles klar!" Jonas schnappt sich den Zollstock. „Auf geht's, Leute!", ruft er voller Tatendrang.

Melli steckt noch schnell Zettel und Stift ein. „Dann können wir die Maße aufschreiben."

„Prima!", meint Felix und die drei laufen los.

Keine Viertelstunde später stehen die Freunde im Wäldchen vor der alten Eiche.

„Puh, was müffelt hier so?", fragt Melli, kaum dass sie angekommen sind, und rümpft die Nase.

„Boa, das stinkt!", meint auch Felix und Jonas fächert sich mit der Hand frische Luft zu.

„Ich glaube, das kommt vom Tümpel", vermutet er dann.

„Das war gestern aber noch nicht so", stellt Melli fest.

Felix schüttelt den Kopf. „Nee, ganz bestimmt nicht!"

Ganz vorsichtig wagen sich die drei ein paar Schritte näher heran und halten sich dabei fest die Nasen zu. Auf einmal schreit Melli erschrocken auf und auch Felix und Jonas machen entsetzt einen Sprung rückwärts.

„Ihhh! Dort liegen ja lauter tote Frösche." Melli flüstert nun fast und schüttelt sich. „Wo kommen die denn auf einmal her?!"

„Die Armen!", meint Felix mitfühlend. „Sie wollten vielleicht im See ihre Eier ablegen", überlegt er. „Aber warum sie dann alle gestorben sind … Keine Ahnung." Er zuckt ratlos mit den Schultern und blickt zum schlammigen Rand des Sees, in dem er gestern stecken geblieben ist. Da fallen Felix plötzlich seine brennenden Pusteln von gestern wieder ein. Was, wenn es da einen Zusammenhang gibt? Was, wenn das, was die Frösche getötet hat, auch für seine allergische Reaktion verantwortlich war?! Ihm wird auf einmal heiß und kalt zugleich. „Leute!" Felix schnappt nach Luft. „Ich glaube, mein Ausschlag gestern kam doch nicht vom Waschmittel", krächzt er. Er hat auf einmal einen dicken Kloß im Hals und schluckt.

„Du meinst …?" Jonas blickt erst Felix an und dann wieder zu den Fröschen. Plötzlich macht er große Augen. „Na, klar, da vorne haben wir dich ja auch aus dem Schlamm gefischt", stellt er erschrocken fest und deutet auf die Stelle, wo die Frösche liegen.

„Und dieser Gestank kommt sicher auch daher", sagt Melli. „Bestimmt ist irgendetwas im Schlamm oder im Wasser oder in beidem. Wie schrecklich!"

„Ja, und saugefährlich", sagt Jonas aufgebracht. „Das müssen wir melden! Wer weiß, was sonst noch passiert?"

„Genau!", stimmt Melli ihm zu. „Wir gehen zur Polizei und erzählen, was wir entdeckt haben."

„Gut", sagt Felix und überlegt kurz. „Es gibt eine Wache in der Dorotheenstraße ganz in der Nähe von Sankt Anna."

„Stimmt! Nichts wie hin", ruft Melli und die drei flitzen los, an den Brombeerbüschen vorbei, hinaus aus dem Wald und über den Feldweg, durch die Beethovenstraße und am Gemeindehaus von

Sankt Anna entlang. Keine halbe Stunde später stehen sie vor der Polizeistation in der Dorotheenstraße.

„Ich … muss … erst mal … Luft holen", schnauft Jonas und hält sich die stechende Seite.

Auch Melli und Felix atmen ein paarmal tief durch. Nachdem sie sich etwas erholt haben, gehen sie die kleine Steintreppe hinauf und durch eine große Schwingtür. Im Raum dahinter befindet sich ein breiter Tresen, hinter dem eine junge Polizistin mit braunem Pferdeschwanz steht. Auf einem Schild vor ihr liest Felix „Frau Bringhof".

„Hallo, ihr drei. Was kann ich denn für euch tun?", erkundigt sie sich freundlich.

„Der Tümpel im Wäldchen", beginnt Jonas hektisch zu erzählen.

„Der stinkt seit heute ganz schrecklich", fährt Felix aufgeregt fort.

„Und da liegen lauter tote Frösche", platzt es aus Melli heraus. „Sie müssen unbedingt mitkommen und sich das ansehen."

„Das ist nämlich gefährlich", sagt Jonas mit ernster Miene. „Felix hatte davon einen ganz fiesen Ausschlag."

„Von den Fröschen?" Frau Bringhof schaut verwirrt in die Runde. Felix, Jonas und Melli schütteln heftig die Köpfe.

„Nee, von dem miefenden Teich natürlich", antwortet Melli. „Mit dem Wasser stimmt was nicht!"

„Okay, und wo genau ist dieser Tümpel?", will die Wachtmeisterin nun wissen. Schnell beschreibt Felix ihr den Weg dorthin. Frau Bringhof tippt unterdessen etwas in den Laptop ein, der neben ihr auf dem Tresen steht.

„Mmh, hier ist es", murmelt sie mit einem Blick auf den Bildschirm. „Ich schicke später zwei Kollegen dorthin."

„Erst später?", ruft Jonas entsetzt. „Das geht nicht! Was, wenn bis dahin noch mehr Tiere sterben?"

„Im Augenblick sind aber alle Streifen im Einsatz", erklärt Frau Bringhof ruhig. „Leider!"

„Dann müssen Sie mit uns da hinfahren", fleht Melli. „Das ist wirklich gefährlich!"

„Die Pickel auf meiner Haut haben ganz schrecklich gebrannt!", erklärt auch Felix eindringlich und schenkt der Polizistin einen seiner schönsten Dackelblicke. „Bitte!"

Jonas und Melli klimpern dazu mit den Augen. Frau Bringhof überlegt kurz. Schließlich holt sie einmal tief Luft und geht zur geöffneten Bürotür hinter dem Tresen: „Karsten, übernimmst du bitte die Anmeldung? Ich fahre mit den drei Kindern hier zu einem

Wäldchen in der Nähe vom Kerbelhof", erklärt sie. „Dort stinkt es angeblich zum Himmel."

Frau Bringhof schnappt sich ihre Jacke und kommt hinter dem Tresen hervor. „Na, dann mal los."

„Fahren wir mit einem Polizeiwagen?", fragt Jonas mit leuchtenden Augen und geht eilig hinter der Polizistin her, die auf eine Seitentür zusteuert.

„Natürlich", antwortet Frau Bringhof schmunzelnd und lässt die Kinder vor sich auf den Hof hinaustreten. Sie deutet auf eines der dort parkenden Autos.

„Cool!", ruft Jonas begeistert. „Mit Blaulicht?"

Die Wachtmeisterin schüttelt den Kopf. „Das setzen wir nur ein, wenn es wirklich schnell gehen muss und jede Sekunde zählt. Eure Frösche sind aber ja schon tot."

„Stimmt!", meint Felix. „Für die kommt jede Hilfe zu spät."

„Leider", murmelt Melli traurig.

Schnell hocken sich die drei auf die Rückbank, schnallen sich an und Frau Bringhof startet den Motor.

Wer macht so was?

Mit dem Polizeiauto sind Frau Bringhof und die Kinder in weniger als zehn Minuten beim Feldweg, der zum Wäldchen und dem kleinen See führt. Frau Bringhof parkt den Wagen am Wegesrand und steigt aus. Eilig klettern auch Felix, Melli und Jonas von ihren Sitzen. Gemeinsam laufen sie das letzte Stück zu Fuß. Da entdecken sie weiter hinten auf dem Feld rechts vom Waldstück einen Trecker, der ein großes Metallfass auf Rädern hinter sich herzieht. „Kein Wunder, dass es hier stinkt!", sagt Frau Bringhof und rümpft die Nase. „Bauer Kerbel düngt offensichtlich seine Felder mit Gülle."

„Können Frösche von Gülle sterben?", fragt Melli.

„Ja, wenn man zu viel davon nimmt, schon. Deshalb ist die Menge, die ein Landwirt pro Jahr verwenden darf, gesetzlich streng geregelt", erklärt Frau Bringhof, holt ihr Handy aus der Jackentasche und wählt. „Karsten, ruf doch bitte mal beim Umweltamt im Rathaus an und erkundige dich nach einem Bauer Kerbel. Es geht um die erlaubte Düngemenge … Ja, genau. Danke!" Frau Bringhof legt auf. „Mal schauen, ob man dort etwas weiß."

Schon sind sie am Waldrand angekommen und nehmen den schmalen Trampelpfad durch die Brombeerbüsche.

„Da vorne ist der See", sagt Felix und deutet voraus.

„Und dort am Rand liegen …" Jonas bleibt plötzlich stehen. Er stutzt. „Das gibt's doch nicht", murmelt er.

Auch Felix und Melli schauen sich verwundert um.

„Aber … wo … das kann doch nicht sein", stottert Melli.

„Hier lagen sie, alle mausetot", platzt es aus Felix heraus. „Wirklich!"

Frau Bringhof schaut skeptisch in die Runde.

„Doch jetzt sind sie weg", murmelt Jonas völlig verwirrt.

„Vielleicht habt ihr euch geirrt", meint Frau Bringhof da. „Bestimmt hat es von hier nur so ausgesehen, als ob …"

Melli schüttelt heftig den Kopf. „Nein, sie lagen hier … und hier…" Sie zeigt auf ein paar Stellen am Ufer. Einige von ihnen lagen sogar auf dem Rücken", erklärt sie der Polizistin.

„Nun sind sie aber nicht mehr da. Und tote Frösche können wohl kaum weghüpfen", sagt Frau Bringhof da ernst und seufzt. „Lasst es gut sein, Kinder. Hier gibt es nichts Ungewöhnliches: keine toten Tiere und es stinkt wegen der Gülle. Kommt, ich bringe euch nach Hause."

Melli öffnet den Mund und will noch etwas sagen, doch Felix schüttelt kaum merklich den Kopf. Da seufzt Melli und gibt sich geschlagen. Ziemlich bedröppelt trotten die drei hinter Frau Bringhof her zum Polizeiwagen.

„Ich wohne in der Beethovenstraße, die ist nur ein paar Schritte von hier", sagt Melli fast ein bisschen trotzig, als Frau Bringhof die Autotür öffnet. „Den Weg kann ich auch zu Fuß gehen."

„Und wir gehen mit zu Melli", fügt Jonas hinzu.

Frau Bringhof blickt sie der Reihe nach an. „Wirklich?"

Felix, Jonas und Melli nicken.

„Gut! Dann habt noch einen schönen Tag", sagt die Polizistin und will schon einsteigen. Doch dann dreht sie sich noch einmal zu den Kindern um. „Nehmt es nicht so schwer! Jeder kann sich mal irren. Und es ist besser, man schaut nach und stellt fest, dass alles in Ordnung ist, anstatt eine ‚Riesensauerei' zu übersehen. Ihr habt also alles richtig gemacht", versucht sie die drei zu trösten.

„Wir haben uns aber nicht getäuscht", murmelt Melli leise, während Frau Bringhof ins Auto steigt und davonfährt.

Felix legt ihr die Hand auf die Schulter. „Nein, ganz bestimmt nicht!", erklärt er mit Nachdruck. „Wir haben sie gesehen, alle drei!"

„Das war keine Einbildung!", bestätigt auch Jonas.

„Aber wo sind die toten Frösche hin?", fragt Melli beinahe verzweifelt und wendet sich zum Gehen. „Hüpfen konnten sie ja nicht mehr, da hat Frau Bringhof recht."

„Also für mich gibt es da nur eine einzige Erklärung", sagt Felix und kickt einen kleinen Stein vor sich her. „Jemand hat sie aufgesammelt und weggebracht."

„Du meinst mit ‚jemand' diesen Bauer Kerbel, stimmt's?", vermutet Jonas und blickt Felix von der Seite an.

„Klare Sache!" Mellis Augen funkeln zornig. „Das Wäldchen liegt auf seinem Grundstück zwischen seinen Feldern! Bestimmt hat er zu viel Gülle verspritzt und nun müssen die armen Tiere sterben, die dort leben!"

Felix zuckt mit den Schultern. „Kann sein, kann aber auch nicht sein", murmelt er nachdenklich. „Es würde passen, aber genau wissen wir das natürlich nicht. Wir brauchen auf jeden Fall Beweise, sonst glaubt uns am Ende wieder keiner …" Er grübelt. Wie sollen sie bloß herausfinden, ob der Bauer dahintersteckt?

„Das stimmt, ohne Beweise geht es nicht!", pflichtet Jonas ihm bei.

„Dann besorgen wir uns welche", meint Melli und macht auf dem Absatz kehrt.

„He, wo willst du hin?", fragt Jonas und Felix schaut nicht weniger überrascht.

„Na, zum Kerbelhof", antwortet Melli. „Beweise suchen."

„Jetzt noch?" Jonas schaut auf die Armbanduhr. „Es ist schon bald fünf. Spätestens um sechs gibt es bei uns Abendbrot. Und ich muss noch Hausaufgaben machen." Jonas stöhnt.

„Stimmt, ich auch." Melli stoppt mitten in der Bewegung. „Dann eben morgen?" Fragend blickt sie die anderen beiden an. „Wieder so um zwei?"

„Klingt gut", antwortet Jonas.

„Passt! Kennst du denn den Weg zum Hof?", fragt Felix.

„Ja, wir gehen da in der Nähe manchmal spazieren. Es ist ein Stück in die Richtung." Melli zeigt nach Osten. „Aber wir können die Räder nehmen und über den Feldweg dort fahren, dann sind wir schneller."

„Super, so machen wir es." Felix winkt den anderen beiden zum Abschied zu. „Dann bis morgen in der Schule."

„Tschau, bis morgen!", verabschiedet sich auch Jonas.

Ein ekliger Fund

Am nächsten Tag um kurz nach zwei fahren Melli, Jonas und Felix auf ihren Rädern Richtung Kerbelhof, Melli vorneweg.

„Hier müssen wir links", erklärt sie und die drei biegen in einen Feldweg. „Da hinten noch einmal rechts und dann kann man den Hof schon sehen. Ich habe mir den Weg vorhin im Internet noch einmal genau angeschaut." Melli balanciert mit ihrem BMX-Rad gekonnt auf der Grasnarbe in der Mitte zwischen tiefen, matschigen Rillen, die die Treckerreifen hinterlassen haben. Das alte Rad hat sie von ihrem Patenonkel geschenkt bekommen und sie würde es um nichts auf der Welt gegen ein modernes Mountainbike eintauschen.

„Ganz schön holprig", stöhnt Jonas, der große Mühe hat, nicht in die glitschigen Furchen zu rutschen.

„Über die Straße hätte es doppelt so lange gedauert", entschuldigt sich Melli.

Und tatsächlich! Bereits nach wenigen Metern können sie die große Scheune in der Ferne erkennen. Schließlich steigen sie ab und schieben ihre Räder die letzten paar Meter bis zum Kerbelhof.

„Am besten, wir verstecken erst mal unsere Räder", schlägt Jonas vor und zeigt auf eine Baumgruppe in der Nähe der Scheune. „Die stören uns sonst nur, wenn wir uns umsehen wollen."

„Einverstanden", meint Melli und Felix nickt.

„Ich bin echt gespannt, ob wir was finden", sagt er ein wenig aufgeregt.

Sie schieben ihre Räder zwischen die Bäume und schließen sie ab. Dann schleichen sie langsam weiter in Richtung Scheune.

„Mist! Abgesperrt!", brummt Felix enttäuscht, als er versucht, die große Holztür zu öffnen.

„Aber dort ist ein Fenster", flüstert Jonas und zeigt auf ein kleines Fenster an der Seitenwand.

„Stimmt!" Felix' Augen beginnen zu leuchten.

„Das ist aber zu hoch", zischt Melli ihnen aus ein paar Metern Entfernung zu. Sie hat sich an die Hausecke gestellt, um aufzupassen, dass sie niemand sieht. „Da kannst du doch von unten gar nicht reinschauen."

Felix blickt sich suchend um. „Doch, wenn ich mich da draufstelle", sagt er schließlich und hält triumphierend einen etwas zerbeulten Blecheimer in der Hand. „Ihr haltet mich fest, dann kann gar nichts passieren."

Melli überlegt einen Augenblick, dann kommt sie herübergelaufen. „Gut, versuchen wir es. Aber beeil dich. Ich habe keine Lust, erwischt zu werden."

Felix platziert den Eimer direkt unter dem Fenster, nimmt Mellis Hand und klettert hinauf. Dabei schwankt er ein-, zweimal gefährlich hin und her und Melli muss kräftig zupacken.

„Jonas!", ruft sie Hilfe suchend.

Doch Jonas hat während Felix' Kletteraktion eine blaue Mülltonne neben einem kleinen Holzschuppen, keine zehn Meter von der Scheune entfernt, entdeckt und ist kurzerhand hingelaufen.

Zum Glück findet Felix sein Gleichgewicht schnell wieder.

„Da steht der Traktor mit Gülleanhänger", berichtet er nun. „Außerdem kann ich noch ein paar Strohballen erkennen und …"

„Leute, ihr werdet es nicht glauben!", ruft Jonas plötzlich mit unterdrückter Stimme.

„Was denn?", fragt Melli neugierig.

„Ich habe die toten Frösche gefunden!", lautet Jonas' Antwort prompt.

„Was?"

Melli schnappt überrascht nach Luft, lässt Felix los und rennt zu Jonas hinüber. Das kommt für Felix so überraschend, dass er ins Wanken gerät und den Halt verliert. „Me…lli", kreischt er noch, bevor er umkippt und unsanft auf dem Boden landet. Der Eimer rollt mit einem lauten Scheppern über das Pflaster und bleibt einige Meter weiter an einer Bank liegen.

„Autsch!"

Melli wirbelt herum und Jonas' Augen weiten sich vor Schreck, während Felix sich den schmerzenden Po reibt. Alle drei lauschen angespannt. Erst als sie sicher sind, dass niemand etwas von ihrem kleinen Missgeschick mitbekommen hat, atmen sie erleichtert auf.

„Entschuldige!" Melli schaut verlegen zu ihm rüber.

„Ach, alles halb so wild", sagt Felix tapfer und rappelt sich auf. Er beißt die Zähne zusammen und humpelt zu seinen Freunden. Schon stehen alle drei um die Tonne herum.

„Ich hatte also recht", stellt Melli zufrieden fest. „Bauer Kerbel hat die Frösche aufgesammelt, bevor wir sie Frau Bringhof zeigen konnten."

„Und was machen wir jetzt?", fragt Jonas. „Nehmen wir einen mit und bringen ihn zur Polizei?"

„Bäähh!" Melli schüttelt sich vor Unbehagen. „Also, ich fass die nicht an."

„Ich auch nicht!", sagt Felix und bekommt eine Gänsehaut. Er denkt an den brennenden Ausschlag an seinen Füßen. An seinen Händen will er die Pusteln bestimmt nicht haben! „Außerdem ist so ein toter Frosch für Frau Bringhof und ihre Kollegen noch kein Beweis", überlegt er. „Im schlimmsten Fall könnte sie sogar glauben, wir haben von irgendwoher irgendeinen Frosch geholt und ihn, na ja, … ihr wisst schon."

Melli schaut entrüstet: „Das würden wir doch niemals machen!"

„Schon, aber das weiß Frau Bringhof nicht", sagt Jonas. „Felix hat recht."

„Außerdem", fährt Felix fort, „wissen wir bis jetzt nur, dass Bauer Kerbel die armen Viecher tatsächlich entsorgt hat. Aber ob er sie auch vergiftet hat und womit, das …"

„… müssen wir erst noch herausfinden", ergänzt Jonas und grinst geheimnisvoll. „Und ich weiß auch schon, wie."

„Echt?"

„Wie denn?"

„Na, ganz einfach, wir lassen das Wasser vom Tümpel auf Gift untersuchen", erklärt er seinen Plan.

„Aber wer soll das machen?", fragt Melli zweifelnd. „Also, ich kenne keinen, der das kann."

„Ich schon!", antwortet Jonas lachend. „Mein Onkel ist Chemielehrer. Wir nehmen eine Probe und geben sie ihm."

„Prima Idee!", ruft Felix begeistert. „Und wenn wir dann wissen, an was für einem Gift die Tiere gestorben sind, können wir ganz gezielt danach suchen."

„Zum Beispiel hier bei Bauer Kerbel auf dem Hof", fährt Melli fort.

„Genau." Jonas schaut auf seine Armbanduhr und seufzt. „Aber eine Probe können wir heute nicht mehr nehmen. Ich hab gleich Gitarrenunterricht."

„Oh Mist, ich muss mit meiner Mutter ja auch noch einkaufen", fällt es Felix da plötzlich siedend heiß ein. „Sie möchte, dass ich die Blumen für meine Kommunionfeier mit aussuche." Er stöhnt. „Dabei ist es mir piepegal, ob da Rosen, Tulpen oder Stiefmütterchen zwischen den Kuchen auf dem Tisch stehen."

„Ich habe mich für Margeriten entschieden", erzählt Melli und lächelt glücklich. „Für die Tische und für meine Haare."

„Hast du Lust, mitzukommen?", fragt Felix da hoffungsvoll. „Mit dir finde ich bestimmt schnell das passende Grünzeug."

„Klar, mach ich!", antwortet Melli und knufft Felix freundschaftlich in die Seite. „Ich rette dich aus dem Blütenmeer!"

Jonas grinst. „Melli, die Blumenfee", scherzt er. „Aber noch mal zum See: Ich frage heute Abend meinen Onkel, wie genau die Probe aussehen muss, damit er sie für uns untersuchen kann. Dann holen wir sie morgen gleich nach der Schule."

„Einverstanden!", meint Melli.

Felix hebt die Hand und schlägt mit Jonas und Melli ein. „Super, so machen wir es!"

Keine Stunde später stehen Felix und Melli zusammen mit Felix' Mutter im Blumenladen der Gärtnerei Huber.

„Wir sind auf der Suche nach Blumen für die Erstkommuniontafel", erklärt Felix' Mutter.

„Richtig, bald ist ja euer großes Fest", sagt Frau Huber an Felix gewandt, der zögerlich nickt. Er fühlt sich hier zwischen all den Blumen irgendwie überhaupt nicht wohl.

„Wie wäre es denn mit kleinen, gelben Röschen?", fragt Frau Huber.

Felix will gerade antworten, da kommt eine ältere Dame in den Laden.

„Bitte, Frau Huber, Sie müssen mir helfen! Meine armen Buchsbäume", beginnt sie sofort aufgeregt.

„Hallo, Frau Heine", erwidert Frau Huber freundlich. „Zuerst muss ich hier noch kurz …"

„Ach, kümmern Sie sich nur", meint Felix' Mutter gönnerhaft. „Wir haben noch ein bisschen Zeit, und das scheint ein echter Notfall zu sein. Wir schauen uns zwischenzeitlich mal ein bisschen um."

Frau Huber lächelt Felix' Mutter dankbar zu und wendet sich an Frau Heine. „Was genau ist denn passiert?"

„Diese verflixten Raupen!", jammert Frau Heine. „Sie fressen meine geliebten Bäumchen kahl."

„Das ist in der Tat ein Problem", erklärt Frau Huber ernst. „Der Buchsbaumzünsler lässt sich leider gar nicht so einfach bekämpfen. Aber ich habe da was für Sie."

Frau Huber holt aus einem Regal rechts an der Wand einen kleinen, weißen Kanister mit rotem Etikett.

„Das ist ein sehr wirksames Mittel", fährt Frau Huber dann fort. „Damit sprühen Sie Ihren befallenen Buchsbaum zwei, drei Tage lang sorgfältig ein. Dann sollte der Spuk vorbei sein."

„Ist das auch biologisch?", erkundigt sich Frau Heine nun.

„Keine Sorge, ‚Zünslerschreck' tötet wirklich nur die Raupen", versichert Frau Huber. „Wenn man sich strikt an die Dosieranleitung hält, ist es ansonsten völlig unbedenklich – deshalb auch das Umweltsiegel hier auf dem Etikett."

„Ah ja!" Frau Heine überlegt einen kurzen Augenblick. „Gut, ich versuche es", sagt sie schließlich und bezahlt. Dann bedankt sie sich noch einmal herzlich bei Felix, seiner Mutter und Melli, dass sie ihr den Vortritt gelassen haben, und verlässt eilig wieder den Laden.

„So!" Frau Huber wendet sich wieder Felix und seiner Mutter zu. „Wie wäre es denn mit den Röschen oder doch lieber Maiglöckchen oder …?"

Felix schüttelt den Kopf. „Ich möchte Margeriten", sagt er zielstrebig. „Und möglichst schnell hier raus", schießt es ihm durch den Kopf.

„Eine sehr gute Wahl!", lobt Frau Huber.

Felix zwinkert Melli zu, die sich ziemlich zusammenreißen muss, um nicht laut loszuprusten.

Dann geht alles ganz schnell. Felix' Mutter bestellt zwei große und fünf kleine Margeritensträuße für den großen Tag und nimmt gleich noch ein paar Narzissen mit.

„Für unseren Balkon", sagt sie und lächelt glücklich.

„Oh Mann, Mama und ihre Blumen!" Felix verdreht gespielt die Augen.

„Vorsicht, junger Mann", antwortet seine Mutter grinsend und schenkt Melli eine Narzisse.

Ein geheimnisvoller Behälter

Am nächsten Morgen berichtet Jonas Felix und Melli noch vor Schulbeginn vom Gespräch mit seinem Onkel.

„Ich habe ihn nach dem Abendessen gleich angerufen. Er hat gesagt, dass er erste Untersuchungen ohne Probleme in der Schule machen kann. Und wenn es kniffliger wird, kennt er ein gutes Labor", erzählt Jonas hochzufrieden. „Alles, was er dafür braucht, ist nur ein wenig Tümpelwasser."

„Das bringen wir ihm!", ruft Felix energisch.

Jonas holt eine kleine Plastikflasche aus seinem Ranzen. „Was zum Abfüllen habe ich diesmal auch dabei", sagt er und grinst.

„Klasse!", freut sich Felix.

Da schellt es und die drei machen sich auf den Weg zum Klassenzimmer.

„Fünf Stunden", seufzt Melli. „Ich würde viel lieber gleich zum Tümpel laufen und die Probe holen."

„Na, und ich erst!" Felix stöhnt.

Während des Unterrichts schaut Felix immer wieder auf die große Uhr neben der Tafel. Ausgerechnet heute scheint der Minutenzeiger eher rückwärts als vorwärts zu gehen. Ungeduldig rutscht er auf seinem Platz hin und her. Hätte er doch so etwas wie eine Zeitmaschine, dann könnte er die nächsten Stunden einfach überspringen. Aber es nützt nichts! Felix seufzt laut, sodass Frau Drey einen Moment irritiert zu ihm herüberschaut. „Alles in Ordnung, Felix?", fragt sie. „Oder brauchst du Hilfe?"

„Ich, äh ..." Felix blickt sich rasch im Klassenzimmer um. Alle anderen haben ihr Deutschbuch aufgeschlagen und schreiben eifrig etwas in ihre Hefte. „Ähm, nein, danke, Frau Drey, ich habe nur laut gedacht", murmelt Felix und spürt, wie er knallrot anläuft. Jonas grinst ihn von der Seite an und tippt dann heimlich auf die Aufgabe im Buch, die sie lösen sollen.

„Danke", murmelt Felix und fängt ebenfalls an zu arbeiten. Wie peinlich!

Nach einer gefühlten Ewigkeit ist es endlich geschafft! Es läutet zum Ende der fünften Stunde und Felix, Jonas und Melli stürmen hinaus auf den Gang und auf den Schulhof. Von dort laufen sie direkt zum Feldweg, dann weiter zum Wäldchen, dort über den Trampelpfad vorbei an den Brombeerbüschen bis hin zur alten Eiche und zum Tümpel. Je näher sie dem Rand des stinkenden Teiches kommen, desto kleiner und vorsichtiger werden ihre Schritte. „Jetzt bloß nicht hinfallen", schießt es Felix durch den Kopf und auch Jonas und Melli bewegen sich ganz langsam auf dem immer glitschiger werdenden Untergrund.

Plötzlich bleibt Felix stehen. „Das ist nah genug!", erklärt er entschieden. Nicht, dass wieder jemand von ihnen im gefährlichen Schlamm landet!

Jonas streift sich die Gummihandschuhe über, die er extra mitgebracht hat, und bindet die Plastikflasche an einen Faden. Dann wirft er sie wie eine Angel ins Wasser.

„Wow, du hast ja wirklich an alles gedacht", stellt Melli beeindruckt fest.

„Nennt mich Sherlock Holmes!", erklärt Jonas mit stolzgeschwellter Brust und reckt gespielt die Nase in die Luft.

„Aber die geht ja gar nicht unter!", ruft Felix da enttäuscht.

Sofort hört Jonas auf zu schauspielern und schaut verdutzt auf den See. Tatsächlich dümpelt die Flasche an der Oberfläche des Tümpels.

„Mist!", flucht er. „Sie ist zu leicht."

„Und was nun?", fragt Melli.

Jonas zieht die Stirn kraus und überlegt fieberhaft. Dann geht er ein paar Schritte zurück und schaut sich suchend um. „Vielleicht finden wir ein paar kleine Steine, die wir als Gewicht …"

„Gute Idee!" Schon läuft auch Felix vorsichtig ein paar Schritte Richtung Uferböschung. Plötzlich stutzt er. „Was ist das denn?"

Langsam nähert er sich dem knorrigen Gestrüpp, das mit seinen Zweigen halb ins Wasser ragt, und schiebt behutsam mit dem rechten Fuß einige Äste zur Seite. Zum Vorschein kommt ein kleiner, weißer Kanister. Der ist ihnen beim letzten Mal gar nicht aufgefallen.

„Krautex", liest Felix vor, was er von dem blauen Etikett gerade noch so entziffern kann.

„Was ist?" Jonas und Melli kommen neugierig näher und betrachten Felix' Fund.

„Der Kanister, den Frau Heine gestern gekauft hat, sah ganz ähnlich aus", meint Melli nachdenklich. „Du weißt schon, der mit dem Mittel gegen die Raupen. Nur das Etikett war rot."

„Stimmt!" Felix überlegt. „Dann hat dieses Zeug hier vielleicht die Frösche getötet."

„Schon möglich", sagt Jonas. „Wir sollten den Behälter auf jeden Fall mitnehmen. Dann kann mein Onkel ihn auch untersuchen."

Melli schaut auf die Flasche in Jonas' Hand. Beim Herausziehen hat sie sich doch tatsächlich ein wenig mit Tümpelwasser gefüllt. „Glaubst du, das bisschen reicht deinem Onkel?"

„Ich denke, schon", erklärt Jonas zuversichtlich und packt die Flasche in eine Plastiktüte. „Er meinte, er braucht nicht viel."

„Worauf warten wir dann noch?", fragt Felix ungeduldig. „Auf zu deinem Onkel."

„Geht nicht", antwortet Jonas zerknirscht. „Leider! Er ist heute noch bis mindestens 5 Uhr in der Schule."

„Und warum bringen wir ihm die Probe und den Behälter nicht einfach dorthin?", will Melli wissen.

„Weil er nicht in Neustadt unterrichtet, sondern an einem Gymnasium in Eberach", antwortet Jonas. „Das sind locker zwanzig Kilometer von hier."

„Mist!" Felix lässt enttäuscht die Schultern hängen.

„Nicht traurig sein", tröstet Melli ihn. „Wir können ja erst mal versuchen, etwas über ‚Krautex' herauszufinden. Mein Bruder leiht uns bestimmt seinen Laptop. Wenn wir Glück haben, ist er schon zu Hause. Er hatte heute ausnahmsweise nur vier Stunden, glaube ich."

„Super Idee!", Jonas reckt begeistert den Daumen in die Höhe und auch Felix' Laune bessert sich schlagartig.

Schnell laufen die drei zu Melli nach Hause und geradewegs zu Marcos Zimmer. Melli klopft an und steckt den Kopf durch den Türspalt. „Hi, dürfen wir vielleicht mal kurz deinen Laptop haben?"

„Wer ist wir?", fragt Marco.

„Felix, Jonas und ich." Melli schiebt die Tür weiter auf und zeigt auf ihre beiden Freunde.

„Hi, Marco!" Die Jungen heben kurz die Hand.

„Ah, ihr seid's, hi! Wofür braucht ihr ihn denn?", hakt Marco nach.

„Wir müssen ganz dringend etwas recherchieren", antwortet Melli.

Marco zögert einen Augenblick. „Na gut, von mir aus. Schließlich habt ihr bei mir ja noch was gut, weil ich euch letztens versetzt habe", meint er dann und zwinkert den dreien zu.

„Cool, danke!" Melli schnappt sich den Computer und verschwindet mit Felix und Jonas in ihrem Zimmer.

Dort setzen sie sich auf Mellis Bett und Melli gibt ‚Krautex' in eine Suchmaschine ein.

„Boa, das sind aber viele", staunt Felix über die zahlreichen Treffer.

Melli klickt den ersten an.

„‚Krautex' ist ein Pflanzenschutzmittel", liest Jonas die erste Zeile vor.

„Und wird von einer Firma namens Herstatt hier in Neustadt hergestellt", murmelt Felix, der die folgenden Zeilen überflogen hat.

„Wurde", verbessert Melli ihn. „Herstatt hat ‚Krautex' vor acht Jahren vom Markt genommen, weil es nicht nur Blattläuse und Raupen tötet, sondern auch Bienen. Es reichert sich nämlich in Pollen an, steht da." Melli zeigt auf die entsprechende Stelle im Text.

„Dann liegt der Kanister womöglich schon länger im Wäldchen rum und hat am Ende gar nichts mit den toten Fröschen zu tun?", fragt Felix niedergeschlagen. Er hatte wirklich gehofft, dass ihnen der Kanister weiterhelfen kann. Nun ist er sich da nicht mehr so sicher.

„Kann sein, muss aber nicht!", antwortet Jonas und überlegt. „Vielleicht hatte jemand ja auch noch einen Behälter von dem Zeug im Keller rumfliegen und hat ihn nun entsorgt, weil das Mittel mittlerweile verboten ist. Oder …" Jonas macht große Augen. „… es war jemand von Herstatt selbst. Mal angenommen, die haben noch einen Rest bei sich gefunden und wollten den jetzt heimlich loswerden?"

„Schon möglich." Melli wiegt nachdenklich den Kopf hin und her. „Oder der Kanister war schon leer, bevor er weggeschmissen wurde", fügt sie schließlich hinzu. „Dann wäre auch kein ‚Krautex' im See und die Frösche sind an etwas anderem gestorben."

„Richtig. Mein Onkel muss also auf jeden Fall die Wasserprobe untersuchen. Mal schauen, was er herausfindet", hält Jonas fest.

„Klingt nach einem Plan!" Melli knufft Felix aufmunternd in die Seite. „Komm, schau nicht so trübselig! Noch geben wir nicht auf!"

„Genau! Wir sind schließlich die Baumhauspiraten!", ruft Jonas.

„Stimmt!" Felix muss grinsen. Die Zuversicht seiner Freunde ist echt ansteckend.

Mit neuem Mut verabschieden sich Felix und Jonas und machen sich auf den Weg nach Hause.

„Hallo, mein Schatz!", wird Felix dort von seiner Mutter begrüßt. „Heike war da und hat dir etwas vorbeigebracht." Sie zwinkert ihm geheimnisvoll zu und deutet auf einen weißen Karton auf dem Küchentisch. Neugierig kommt Felix näher. Was seine Patentante ihm wohl eingepackt hat?

Vorsichtig öffnet er die Schachtel und traut seinen Augen kaum.

„Ist die schön!" Behutsam holt er eine weiße Kerze heraus, auf der ein Kreuz in Regenbogenfarben, ein goldener Kelch und ein oranger Fisch aus Wachs aufgeklebt sind.

„Selbst gemacht", erklärt seine Mutter lachend. „Gefällt sie dir?"

„Und wie!" Felix betrachtet mit leuchtenden Augen seine Kommunionkerze. „Ich rufe gleich Heike an und sage es ihr", meint er und läuft zum Telefon.

Aufregende Neuigkeiten

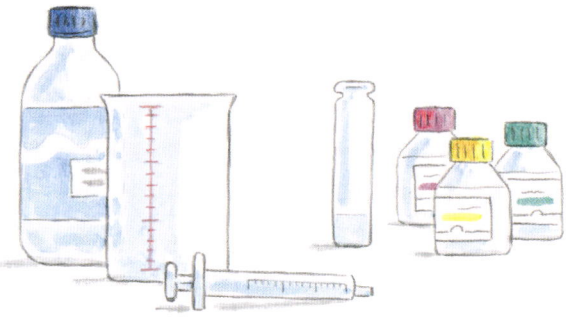

Als Felix am nächsten Morgen auf dem Schulhof ankommt, warten Jonas und Melli schon auf ihn.

„Ich bin gestern Abend noch schnell zu meinem Onkel rübergeflitzt", platzt es aus Jonas heraus, kaum dass Felix vor ihm steht. „Er hat aus der Schule so einen Koffer für einfache Wasseruntersuchungen mitgebracht und wir haben gleich losgelegt."

„Und? Was habt ihr herausgefunden?", fragt Felix aufgeregt und tänzelt ungeduldig von einem Bein auf das andere.

„Im Tümpelwasser ist tatsächlich ein Stoff, den man auch in vielen Pflanzenschutzmitteln findet", antwortet Jonas fachmännisch und nicht ohne Stolz.

„Also sind die armen Frösche doch an ‚Krautex' gestorben und der Kanister liegt dort auch erst seit Kurzem", schlussfolgert Melli grimmig.

„Möglich", meint Jonas zurückhaltender. „Aber man braucht schon jede Menge von dem Zeug, um einen ganzen See zu vergiften. Ein kleiner Kanister reicht da nicht aus. Und bis jetzt wissen wir auch nur, dass irgendein Pflanzenschutzmittel, wahrscheinlich ‚Krautex‘, im Wasser ist, aber wie viel genau, das kann man nur in einem richtigen Labor herausfinden", erklärt er.

„Aber dein Onkel kennt so ein Labor, oder?", hakt Felix nach.

„Ja, er schickt den Rest unserer Probe gleich heute früh ab, dann haben wir Dienstag das Ergebnis", erklärt Jonas.

„Dienstag?", wiederholt Melli entsetzt. „Heute ist doch erst Donnerstag!"

„Schneller geht es leider nicht." Jonas zuckt mit den Schultern. Dann hebt er den Zeigefinger und strahlt. „Aber mein Onkel und ich haben noch etwas anderes herausgefunden. Im Tümpelwasser konnte man auch Spuren von Gülle finden!"

„Damit düngt Bauer Kerbel doch seine Felder!", ruft Felix.

„Genau! Und zu viel davon ist auch giftig", platzt es aus Melli heraus. „Also könnte auch Bauer Kerbel die Frösche getötet haben – mit Gülle!"

„Auch hier müssen wir erst mal abwarten, wie viel Gülle sich im Wasser finden lässt", bremst Jonas.

„Und was machen wir jetzt? Abwarten bis Dienstag?", fragt Felix. Das wären noch ganze fünf Tage, überlegt er. Nein, das geht nicht!

„Auf keinen Fall!", erklärt auch Melli energisch. „Wir könnten uns noch einmal bei Bauer Kerbel umschauen … oder …" Sie überlegt einen Augenblick. „Bei Herstatt", schlägt sie dann vor und ihre Augen beginnen zu leuchten.

„Hä, wie das denn?", fragt Felix skeptisch. „Glaubst du, die lassen drei Kinder einfach so auf ihr Firmengelände?"

Melli schüttelt lachend den Kopf. „Das nicht! Aber Herstatt veranstaltet diesen Samstag um zehn eine Werksführung. Das stand doch auf der Internetseite, wisst ihr nicht mehr?"

„Mensch, Melli, das ist es!", ruft Felix begeistert. „Wir nehmen einfach an dieser Führung teil!"

Auch Jonas ist sofort Feuer und Flamme. „Au ja, super Idee! Vielleicht entdecken wir etwas Verdächtiges."

„Dann melde ich uns gleich nach der Schule an", verspricht Melli.

Am Nachmittag um drei ist wieder Kommunionvorbereitung. Als Felix kurz vorher am Gemeindehaus von Sankt Anna ankommt, steht davor ein weißer Kastenwagen.

„Genauso einer hätte uns letzten Sonntag auf dem Weg zum Wäldchen fast überfahren", schießt es ihm durch den Kopf. „Gärtnerei iegler." Mit etwas Mühe kann Felix die schon ziemlich verblasste Aufschrift auf der rechten Seite des Transporters entziffern. Dabei ist das ‚r' von ‚Gärtnerei' kaum noch vorhanden und auch vor dem ‚iegler' fehlt offenbar ein Buchstabe. Felix muss schmunzeln. „Wer heißt auch schon ‚iegler'?"

Da entdeckt er einen Mann, der mit einer großen Schere die Hecke neben dem Gemeindehaus stutzt. Er trägt eine grüne Jacke mit der Aufschrift ‚Gärtnerei Huber'.

„Komisch", wundert sich Felix. „Was hat denn Huber mit ,iegler'
zu tun?"

Da dreht sich der Mann zu ihm um. „Was guckst du so dämlich?",
fragt er patzig.

„Ich habe mich nur gewundert, warum auf ihrer Jacke ,Huber'
und auf ihrem Auto irgendetwas mit ,iegler' steht", antwortet Felix wahrheitsgemäß.

„Das geht dich einen feuchten Kehricht an!", faucht der Mann unfreundlich. „Zieh Leine, verschwinde!"

„Schon gut!", murmelt Felix ein bisschen erschrocken und betritt
das Gemeindehaus. „So ein Idiot!"

Im Gruppenraum sitzen Melli, Jonas und die anderen Kommunionkinder bereits im Kreis um eine Decke herum. Schnell setzt
sich Felix zu seinen Freunden. Da kommt auch schon Pfarrer Berg.

„Wer traut sich und legt sich auf die Decke?", fragt er in die Runde.
Sofort schnellen alle Finger in die Luft.

„Und wenn dann vier andere Kommunionkinder die Decke an
ihren Enden hochheben?", fragt Pfarrer Berg weiter.

Zwei Finger gehen runter, doch alle anderen bleiben oben, auch
die von Melli, Jonas und Felix.

„Gut, Felix, dann versuchen wir es mal", sagt Pfarrer Berg und
nickt Felix auffordernd zu.

Felix legt sich auf die Decke. Jonas und Melli schnappen sich je-
weils einen Zipfel, Kathi und Nils die beiden anderen. Dann heben sie die Decke mit Felix darauf vorsichtig an.

„Ganz schön schwer", schnauft Kathi.

„Ja, und jetzt müsst ihr Felix so auf das Dach vom Gemeindehaus
tragen", sagt Pfarrer Berg.

Alle fünf schauen ihn mit großen Augen erschrocken an.

„Nein, natürlich nicht!" Pfarrer Berg zwinkert ihnen schelmisch zu. „Aber in der Geschichte, die ich euch heute erzählen will, passiert genau das. Ihr dürft Felix jetzt aber erst einmal wieder herunterlassen. Vielen Dank, dass ihr mitgemacht habt."

Erleichtert und ein bisschen außer Atem setzen sich Melli, Jonas, Kathi und Nils wieder auf ihre Plätze. Felix hätte eigentlich noch ein bisschen länger liegen bleiben können. Das war richtig gemütlich. Doch da beginnt Pfarrer Berg auch schon, die Geschichte zu erzählen:

„Es waren vier Männer, die ihren gelähmten Freund tatsächlich genau so auf ein Dach getragen haben. Dort haben sie die Decke dann an Seile gebunden und ihn vorsichtig durch eine Luke zu Jesus hinuntergelassen. Die vier haben ganz fest daran geglaubt, dass Jesus ihren Freund heilen kann", erzählt er. „Nur deshalb haben sie sich das getraut."

„Tolle Freunde!", schießt es Felix durch den Kopf. Dabei schaut er zuerst zu Jonas und dann zu Melli rüber. „Genau wie meine!"

In diesem Augenblick zwinkert Melli ihm zu. Felix muss lachen. Offenbar hat Melli gerade genau das Gleiche gedacht.

Schließlich ist die Gruppenstunde für heute zu Ende und Melli hat noch eine tolle Neuigkeit für die Jungen.

„Es hat geklappt! Wir drei nehmen am Samstag um zehn an einer Werksführung bei Herstatt teil!", erzählt sie lachend.

„Klasse!", rufen Felix und Jonas begeistert.

Fabrikbesuch mit Hindernissen

Am Samstagvormittag fahren Melli, Jonas und Felix wie verabredet mit ihren Rädern zur Firma Herstatt. Dafür müssen sie einmal quer durch die Stadt. Sie kommen am Bahnhof vorbei und am Rathaus, am Kino und an den großen Supermärkten am Stadtrand. An der Schuhfabrik im Industriegebiet biegen sie schließlich links ab.

„Da vorne, das ist es", sagt Melli schließlich und deutet auf ein großes, hellblaues Schild mit weißem Schriftzug, welches auf zwei Pfählen vor einer Schranke mit Pförtnerhäuschen steht.

Ansonsten sehen die drei allerdings kaum etwas, denn eine hohe Mauer umgibt das gesamte Firmengelände. Sie fahren vor zur Schranke, wo bereits eine kleine Schlange von Menschen auf Einlass wartet. Schnell schließen Felix, Jonas und Melli ihre Räder ab und stellen sich an.

„Hallo, ihr drei, was kann ich denn für euch tun?", fragt ein Herr mit Schnäuzer freundlich, als sie endlich an der Reihe sind.

„Wir möchten an der Führung teilnehmen", antwortet Melli.

„Seid ihr denn angemeldet?", erkundigt sich der Pförtner nun.

„Ja, ich heiße Melanie Schuster und das sind Felix Maurer und Jonas Winkler", stellt Melli sie vor.

Der Pförtner schaut auf einer Liste nach.

„Da habe ich euch ja", stellt er zufrieden fest und macht hinter jeden Namen einen Haken. „Und wie heißt eure Begleitperson?"

„Begleitperson?", wiederholt Felix erschrocken.

„Ja, Kinder und Jugendliche unter 16 Jahren dürfen das Werk nur gemeinsam mit einem Erwachsenen besichtigen", erklärt der Pförtner.

„Aber …" Melli bleiben die Wörter im Hals stecken. „Aber … das wussten wir nicht. Das stand nicht auf der Homepage."

„Wir müssen unbedingt an der Führung teilnehmen", versucht Felix, den Pförtner umzustimmen. „Das ist megasuperwichtig! Bitte, können Sie nicht eine Ausnahme machen?"

Der Pförtner schüttelt den Kopf. „Tut mir leid, junger Mann. Das geht nicht! Ich muss mich an meine Vorschriften halten."

„Warum ist es für euch ‚megasuperwichtig'?" Neben dem Pförtnerhäuschen taucht plötzlich ein Mädchen auf. Es ist etwas älter als Felix, Jonas und Melli, hat blonde lange Zöpfe, hält eine Thermoskanne in der Hand und schaut die drei neugierig an.

„Weil wir …" Felix überlegt kurz. „… ganz dringend etwas herausfinden müssen", sagt er dann.

„Was denn?", hakt das Mädchen nach.

„Also … ähm … ja …", druckst Felix herum.

„Etwas Wichtiges halt!", kommt Melli ihm zur Hilfe.

„Jetzt bin ich aber neugierig." Das Mädchen reicht dem Pförtner die Thermoskanne. „Die soll ich Ihnen bringen, ist Kaffee drin."

„Vielen Dank, Emma, auch an deine Mutter!" Der Pförtner lächelt zufrieden.

„Richte ich ihr aus", sagt Emma und wendet sich wieder an Felix, Jonas und Melli. „Ich nehme euch mit rein, wenn ihr mir erzählt, was so wichtig ist, abgemacht?" Dabei deutet sie Richtung Firmengelände.

Felix schaut fragend von Jonas zu Melli. „Einverstanden!", sagt er schließlich.

„Gut, dann kommt mal mit." Emma schlängelt sich zwischen Pförtnerhaus und Schranke hindurch. Die drei Freunde folgen ihr. Ein paar Meter weiter bleibt Emma stehen: „Also?", fragt sie neugierig.

„Herstatt stellt doch Pflanzenschutzmittel her", beginnt Jonas jetzt vorsichtig. „Doch die sind manchmal ja ganz schön schädlich für die Natur und …"

„Blödsinn! Unsere Produkte sind alle umweltfreundlich", unterbricht ihn das Mädchen barsch.

„Und was ist mit ‚Krautex'?", fragt Melli nun ganz direkt.

„Als mein Vater erfahren hat, dass es Bienen tötet, hat er die Produktion sofort gestoppt", erklärt Emma mit Nachdruck. „Und das lange bevor Pflanzenschutzmittel dieser Art offiziell verboten wurden."

Melli schaut skeptisch. „Aber es gibt bestimmt noch Restbestände", vermutet sie dann.

Emma schüttelt den Kopf. „Schon seit Jahren nicht mehr! Aber warum interessiert euch das so brennend?"

„Weil wir tote Frösche am Waldsee gefunden haben, die vielleicht mit ‚Krautex' vergiftet wurden", erzählt Felix da wahrheitsgemäß.

„Was?!" Emma schaut entsetzt in die Runde. „Das ist schlimm! Die armen Tiere!", sagt sie schließlich bestürzt. „Aber unsere Firma hat damit sicher nichts zu tun. Im Gegenteil, wenn mein Vater davon erfährt, wird er ganz schön sauer sein, dass irgendjemand sein altes ‚Krautex' einfach so in die Natur gekippt hat."

„Also, um genau zu sein, wissen wir ja noch nicht sicher, dass die Frösche wirklich mit ‚Krautex' vergiftet wurden", gibt Jonas zu bedenken. „Es könnte auch Gülle gewesen sein. Das wird gerade untersucht."

„Na, hoffentlich", meint Emma und holt einmal tief Luft. „Ihr wisst aber schon, was ihr mit solch falschen Verdächtigungen alles anrichten könnt?"

„Ja, klar", antworten die drei schnell.

Emma nickt zufrieden. „Habt ihr Lust auf selbst gemachte Limo?", fragt sie dann. „Meine Mutter macht die beste der Welt."

„Klar, immer!", erklärt Felix mit leuchtenden Augen und auch Jonas und Melli strahlen. „Au ja, gerne."

Emma geht mit den drei Freunden an einer großen Fabrikhalle vorbei zum Wohnhaus. Dabei entdeckt Felix eine ganze Reihe Kastenwagen, alle dunkelblau und mit weißem Logo. Die Bullis erinnern ihn an irgendetwas, aber an was? Felix grübelt, doch er kommt einfach nicht darauf. Da haben sie auch schon die Eingangstür erreicht.

In der Küche holt Emma eine große Kanne aus dem Kühlschrank und schenkt allen ein großes Glas Limonade ein.

„Mhhh, wirklich lecker!", sagt Jonas und leckt sich genüsslich über die Lippen.

„Freut mich." Emma lacht und setzt sich zu den dreien an den Tisch. Ihr Blick wird wieder ernst. „Also, bei uns findet ihr kein ‚Krautex' mehr. Aber vielleicht hat einer unserer Kunden noch etwas von dem Zeug", überlegt sie. „Immerhin war unser Pflanzenschutzmittel sehr beliebt, weil es so schnell und gut gewirkt hat."

„Wer sind denn eure Kunden?", will Felix wissen.

„Landwirte, Pflanzenzüchter, Gärtner", zählt Emma auf.

„Landwirte!", ruft Felix. „Das passt!"

„Warum?", fragt Emma neugierig.

„Wir glauben, dass ein Bauer die Frösche getötet hat", erklärt Melli nun. „Er hat die armen Tiere auf seinem Hof versteckt, düngt seine Felder mit Gülle und hat als Landwirt bestimmt auch schon ‚Krautex‘ verwendet.“

„Das macht ihn in der Tat ziemlich verdächtig!“, muss Emma zugeben.

„Deshalb sollten wir uns heute Nachmittag noch einmal auf dem Hof umsehen“, schlägt Felix vor.

„Einverstanden!“, sagt Melli und Jonas nickt.

„Meinetwegen.“

„Ich drücke euch jedenfalls ganz fest die Daumen, dass ihr den Froschmörder bald findet“, erklärt Emma noch.

„Danke, auch für die Infos …“, sagt Melli und steht auf.

„Und für die Limo“, ergänzt Jonas grinsend.

„Gern geschehen.“

„Tschüss, Emma“, rufen die drei im Chor und laufen zurück zum Pförtnerhaus.

Erwischt

Am Nachmittag fahren Felix, Jonas und Melli noch einmal zum Kerbelhof. Und dieses Mal ist Felix noch viel aufgeregter als beim ersten Mal.

„Hoffentlich entdecken wir dort wirklich noch ein paar ,Krautex'-Kanister", denkt er und beißt sich vor lauter Anspannung auf die Unterlippe. Schließlich waren Landwirte Kunden von Herstatt, das hat Emma ihnen erzählt.

Am Hofrand angekommen, stellen die drei ihre Räder wieder zwischen den Bäumen hinter der Scheune ab. Dann schleichen sie zum Holzschuppen.

„Ob die Tonne mit den Fröschen wohl noch da ist?" Felix schaut sich suchend um.

„Scheinbar nicht", antwortet Melli. „Ich kann jedenfalls keine entdecken."

„Auch egal!", meint Jonas ungeduldig. „Wo suchen wir als Erstes nach den Kanistern? Gleich hier im Schuppen?"

„Gute Idee!" Schon läuft Melli zur Schuppentür und drückt vorsichtig die Klinke herunter.

Felix und Jonas halten gespannt die Luft an.

„Offen!", freut sich Melli.

Mit zwei Riesensätzen steht Felix hinter ihr in der Türöffnung. Im Halbdunkeln erkennen sie einen Rasenmäher, einen Besen …

„Da hinten steht noch etwas", ruft Melli aufgeregt und will schon losstürmen, um genauer nachzuschauen. Da hören die drei Kinder auf einmal Männerstimmen, die rasch näherkommen.

„Los, verstecken!", ruft Jonas panisch und kauert sich zusammen mit Felix hinter einen Busch ganz in der Nähe.

Melli verschwindet im Schuppen und zieht die Tür hinter sich zu. Im selben Augenblick erscheinen zwei Männer. Der eine ist Bauer Kerbel, der zweite trägt eine große schwarze Tasche und grüne Gummistiefel.

„Ich nehme die armen Viecher am besten gleich alle mit und entsorge sie", sagt der Mann mit der Tasche. „Sicher ist sicher!"

„Die laufen geradewegs auf den Schuppen zu", denkt Felix erschrocken.

„Hoffentlich entdecken sie Melli nicht", flüstert Jonas ängstlich.

Doch schon öffnet Bauer Kerbel die Holztür. Jonas und Felix wechseln einen panischen Blick.

„He, was macht du denn hier drin?"

„Verflixter Mist!", murmelt Felix und springt mit einem Satz hinter dem Gebüsch hervor. Jonas wird schlagartig blass im Gesicht.

Bauer Kerbel erscheint wieder auf dem Hof und hält dabei Melli am rechten Arm fest.

„Wir …", stammelt Melli und bekommt dabei ganz rote Wangen. „Äh … wir wollten … also."

„Wer ist ‚Wir‘?", fragt der Mann mit der Tasche misstrauisch.

Da entdeckt er Felix, der vorsichtig die Hand hebt und ein „Hallo" krächzt. Hinter ihm kommt nun auch Jonas langsam und mit gesenktem Kopf aus ihrem Versteck.

„Das ist ja …" Bauer Kerbel ist ganz baff. „Was habt ihr hier zu suchen? Raus mit der Sprache", fährt er sie barsch an. „Oder muss ich erst die Polizei rufen?"

„Das können Sie ruhig tun!", murmelt Melli beinahe bissig.

„Wie war das?", fragt Bauer Kerbel harsch.

„Melli!" Felix schaut entsetzt von Melli zu Bauer Kerbel. Was soll das? Ist sie jetzt komplett verrückt geworden?!

Doch Melli schaut nur trotzig und sagt dann laut und deutlich: „WIR haben vor der Polizei nichts zu befürchten. WIR haben ja nicht den Tümpel im Wäldchen vergiftet."

„Was soll das heißen?", fragt der Mann mit der Tasche. „Wisst ihr etwas über den Tümpel und die Frösche?", hakt er nach und blickt die Kinder ernst an. „Dann sagt es bitte."

Felix schüttelt heftig den Kopf. Er steht da mit schlotterweichen Knien, doch Melli scheint jetzt zu wütend, um ängstlich zu sein.

„Fragen Sie doch lieber den da!" Sie zeigt auf den Bauern, der sie immer noch am Arm festhält.

„Wie bitte?", fragt Bauer Kerbel nun ebenfalls lauter.

„Bitte Melli, übertreib es nicht", denkt Felix inständig.

Doch Melli poltert schon los. „Leugnen ist zwecklos, wir haben die toten Frösche gesehen", ruft sie und dabei funkeln ihre Augen voller Zorn. „Die können Sie nicht mehr heimlich entsorgen! Sie haben die Tiere vergiftet!"

Bauer Kerbel lässt Mellis Arm los und schaut verblüfft in die Runde. „Was? Denkt ihr das wirklich?"

Felix verschränkt die Arme vor der Brust. Dabei gibt er sich große Mühe, mutig und böse zu gucken.

„Aber ich habe doch …", stottert Bauer Kerbel nun sichtlich überrumpelt. „Ich habe die Tiere doch nur eingesammelt, um sie Doktor Brunner zu zeigen", erklärt er dann und deutet auf den Mann neben sich. „Doktor Brunner ist unser Tierarzt und ich wollte unbedingt wissen, woran die armen Tiere gestorben sind."

„Das stimmt", bestätigt Doktor Brunner.

„Was …?" Melli schnappt überrascht nach Luft und ist für einen Augenblick sprachlos.

„Was hat sie denn getötet?", fragt Jonas, der bisher geschwiegen hat, neugierig. „Zu viel Gülle ja wahrscheinlich nicht, oder?"

„Nein, ich dünge nur so viel, wie der Boden wirklich braucht", versichert Bauer Kerbel. „Ich nehme vorher immer eine Probe, die lasse ich analysieren und dosiere dann entsprechend. Wisst ihr, das hier ist ein Biohof." Er zeigt einmal in die Runde.

„Deshalb hat Bauer Kerbel sich auch furchtbar erschrocken, als er die toten Frösche ausgerechnet in der Nähe seiner Felder entdeckt hat", erklärt der Tierarzt jetzt. „Im ersten Augenblick hat er wirklich gedacht, er habe einen Fehler gemacht."

„Zum Glück konnte Doktor Brunner mir aber eindeutig bestätigen, dass die Tiere nicht an einer Überdüngung verendet sind", fährt Bauer Kerbel fort. „Ich kann euch seinen Bericht zeigen, wenn ihr wollt."

Felix schüttelt den Kopf. „Nicht nötig, wir glauben Ihnen."

„Aber woran sind die Frösche denn dann gestorben?", hakt Jonas noch einmal nach. „Vielleicht an ‚Krautex'?"

Der Tierarzt schaut überrascht zu ihm. „Es deutet tatsächlich alles auf ein Pflanzenschutzmittel hin. Woher weißt du das?"

Auch Bauer Kerbel stutzt. „Wie kommst du gerade auf ‚Krautex‘?"
„Weil wir einen leeren Kanister von dem Zeug am Teich gefunden
haben", antwortet Felix für seinen Freund.

„Verstehe!", murmelt Bauer Kerbel nachdenklich. „Ich habe einiges über das Mittel gelesen, insbesondere über die Umweltschä-
den, die es verursachen kann. Zum Glück habe ich es auf meinem
Hof nie verwendet."

„Dann haben Sie die Frösche also nicht getötet?" Melli spricht nun
wieder ruhiger und schaut etwas verlegen auf ihre Füße.

Bauer Kerbel blickt zur ihr hinab und lächelt gütig. „Nein, das
habe ich nicht, junge Dame. Aber ich finde es beeindruckend, wie
sehr du dich für Tiere einsetzt."

„Danke!", murmelt Melli. „Sie einfach so zu verdächtigen, war
aber nicht in Ordnung!", entschuldigt sie sich dann kleinlaut.

„Ach, Schwamm drüber", sagt Bauer Kerbel und zwinkert ihr zu.
„Doch ab jetzt wird sich die Polizei um den Fall kümmern", fährt
er schließlich fort. „Immerhin haben wir hier einen handfesten
Beweis für eine Straftat." Er hält den Bericht von Doktor Brunner
in die Höhe. „Das heißt für euch ab jetzt aber auch: kein Herum-
schnüffeln mehr in fremden Schuppen, versprochen?" Er blickt die
drei der Reihe nach ernst an. „Das ist nämlich nicht ganz unge-
fährlich."

„Ja, klar!"

„Logisch!"

„Sicher!"

Die Freunde nicken hastig.

„Na, schön, dann hätten wir das ja geklärt", meint der Bauer.
„Und ich werde Montagfrüh mal zur Wache fahren. Danke dir,
Hannes."

„Nichts zu danken", antwortet der Doktor. „Tschüss, Kinder!"

„Tschüss, Doktor Brunner, tschüss, Bauer Kerbel!", verabschieden sich Felix, Melli und Jonas und eilen zurück zu ihren Rädern.

Dort angekommen, lässt Felix enttäuscht die Schultern hängen. „Und jetzt? Ich meine, wenn es der Bauer nicht war, wer war es dann?"

„Keine Ahnung, aber du hast Bauer Kerbel ja gehört, das löst nun die Polizei", murmelt Jonas.

„Ach was!", grummelt Melli und winkt ab. „Uns haben die beim letzten Mal doch auch nicht geglaubt."

Missmutig setzen die Kinder sich zu ihren Rädern ins Gras und schauen betrübt vor sich hin.

In der Ferne fährt gerade ein Kastenwagen auf der Hauptstraße Richtung Ortsmitte. Felix blickt ihm eine Weile gedankenverloren nach. Da ist er plötzlich mit einem Satz auf den Füßen. „Na, klar, das ist es! Dass ich darauf nicht vorher gekommen bin!", ruft er und sein Herz beginnt vor Aufregung zu rasen.

„Was denn?", fragt Jonas verwirrt.

„Worauf bist du nicht gekommen?" Auch Melli blickt Felix verständnislos an.

„Erinnert ihr euch noch, was Emma gesagt hat? ‚Krautex' wurde gekauft von Landwirten, Züchtern und …", Felix zögert den letzten Punkt hinaus und schaut die anderen beiden erwartungsvoll an.

„Gärtnern?", antwortet Melli fragend.

„Genau! Gärtnern!", ruft Felix aus. „Als wir das erste Mal auf dem Weg zum Tümpel waren, hätte uns beinahe ein weißer Kastenwagen überfahren", erinnert er die beiden und läuft aufgeregt hin und her. „Und genau so einen Transporter habe ich am Donnerstag vor dem Gemeindehaus gesehen. Und den fährt ein ziemlich unfreundlicher Gärtner."

Melli schaut kritisch. „Ein Miesepeter muss aber nicht unbedingt auch ein fieser Umweltsünder sein", gibt sie zu bedenken.

„Außerdem gibt es mehr Menschen, die so ein Auto fahren", meint Jonas ebenfalls skeptisch.

„Aber es würden passen!" Felix lässt nicht locker. „Wir können dem Kerl doch wenigstens mal ein bisschen auf den Zahn fühlen und ihn beobachten", schlägt er vor.

„Ich weiß nicht", sagt Jonas unsicher. „Wir haben Bauer Kerbel doch versprochen, nicht mehr selbst zu ermitteln. Er geht nächste Woche zur Polizei und …"

„Und wenn der Typ in der Zwischenzeit noch mehr ‚Krautex' in den See kippt?", unterbricht Felix ihn aufgebracht.

„Felix hat recht", sagt Melli. „Wir müssen diesem Verbrecher das Handwerk legen."

„Na, meinetwegen!", lenkt Jonas schließlich ein. „Aber wie sollen wir ihn finden?"

Felix zuckt mit den Schultern. „Er arbeitet entweder bei der Gärtnerei Huber oder bei irgendetwas mit ‚iegler'."

„Das lässt sich leicht herausfinden", meint Melli lässig. „Wir fragen morgen nach dem Gottesdienst einfach Pfarrer Berg, welche Gärtnerei die Blumenbeete zwischen Kirche und Gemeindehaus betreut."

„Gute Idee!" Felix strahlt. Nun haben sie doch wieder eine Spur.

Eine neue Spur

Am Sonntagmorgen sitzt Felix zwischen Jonas und Melli im Gottesdienst von Sankt Anna. Pfarrer Berg erzählt gerade die Geschichte vom Zöllner Zachäus, der extra auf einen Baum klettert, um Jesus zu sehen. Danach singen sie das diesjährige Kommunionlied und Melli darf sogar eine Fürbitte lesen. Doch Felix bekommt von alldem nicht viel mit. Er kann nur an den unfreundlichen Gärtner und seinen weißen Kastenwagen denken. Ob er tatsächlich das ‚Krautex' in den Waldsee gekippt hat? Und was, wenn er jetzt gerade noch mehr von dem giftigen Zeug dort entsorgt?! Felix wird immer unruhiger und rutscht nervös auf seinem Platz hin und her.

Endlich macht Pfarrer Berg das abschließende Kreuzzeichen, sie singen das letzte Lied und der Pfarrer verschwindet mit den Messdienern in der Sakristei. Schnell hinterher! Felix will gleich aus der Bank springen und loslaufen, doch die aus der Kirche strömenden Besucher versperren ihm den Weg nach vorn.

„Wo willst du denn so schnell hin?", fragt Jonas verdutzt.

„Na, zu Pfarrer Berg", antwortet Felix.

„Aber der muss sich in der Sakristei doch erst mal umziehen", meint Melli lachend. „Kommt, lasst uns vor der Kirche auf ihn warten."

Felix stöhnt. Dann trottet er hinter Melli und Jonas her nach draußen.

Zum Glück dauert es keine zehn Minuten, bis auch Pfarrer Berg die Kirche verlässt. Felix stürmt sofort zu ihm hin. Jonas und Melli folgen ihm.

„Hallo, Pfarrer Berg! Ich habe mal eine Frage."

„Hallo, Felix, na, dann schieß mal los", sagt der Pfarrer mit einem Lächeln.

„Wer kümmert sich eigentlich um die Blumenbeete vor dem Gemeindehaus?", fragt Felix, ohne zu zögern.

„Nachdem Herr und Frau Ziegler vor drei Wochen ihren Betrieb aufgegeben haben, die Gärtnerei Huber", erzählt Pfarrer Berg bereitwillig. „Warum?"

„Weil der Mann, der am Donnerstag die Hecke geschnitten hat, irgendwie komisch war", versucht Felix zu erklären.

„Komisch?", hakt Pfarrer Berg nach und zieht dabei die linke Augenbraue hoch.

„Also, na ja, er war ziemlich unfreundlich", sagt Felix wahrheitsgemäß.

„Robert Pfister? Er ist eigentlich ein netter Kerl." Pfarrer Berg wird nachdenklich. „Aber im Augenblick hat er wohl ziemlich viel Ärger auf der Arbeit. Wisst ihr, er hat bisher für die Zieglers gearbeitet und sich bei ihnen immer sehr wohl gefühlt. Mit den Hubers allerdings klappt es nicht so gut."

„Ach so", murmelt Felix. „Deshalb hatte Herr Pfister auch eine Jacke von Hubers an, fährt aber ein Auto mit der Aufschrift ‚Gärtnerei Ziegler'." Nun weiß er also, dass vor dem ‚iegler' ursprünglich noch ein ‚Z' auf dem Fahrzeug stand.

„Das war ein Abschiedsgeschenk", erzählt Pfarrer Berg nun. „Zieglers ziehen bald zu ihrer Tochter und brauchen den alten Bulli nicht mehr. Nimm Robert seine miese Laune nicht übel", bittet er Felix dann. „Er muss den Wechsel erst noch verdauen."

Felix winkt ab. „Aber klar, schon vergessen."

„Dann wünsche ich euch noch einen schönen Sonntag", verabschiedet sich Pfarrer Berg.

„Danke, gleichfalls!" Felix, Jonas und Melli winken dem Pfarrer zum Abschied zu und stecken, kaum, dass er auf den Pfad zum Pfarrhaus verschwunden ist, die Köpfe zusammen.

„Vielleicht hatten Zieglers ja noch alte ‚Krautex'-Kanister und Robert Pfister hat sie entsorgt", überlegt Jonas.

„Gut möglich", findet Melli. „Zieglers schließen ihre Gärtnerei, wissen aber nicht, wohin mit ihrem alten und gefährlichen Zeug. Sie bitten ihren Freund Robert um Hilfe und der erledigt die Drecksarbeit."

„Super, dann ist Robert Pfister jetzt also unser neuer Hauptverdächtiger." Felix schaut erwartungsvoll in die Runde. Endlich haben sie wieder eine richtige Spur!

Jonas und Melli nicken.

„Was haltet ihr davon, wenn wir uns nach dem Mittagessen mal heimlich auf dem alten Gärtnereigelände der Zieglers umsehen?", schlägt er dann vor. „Vielleicht kann man dort noch etwas entdecken … den einen oder anderen Kanister vielleicht." Er grinst verschmitzt.

„Das wäre zu schön!", meint Melli. „Also, ich bin dabei!"

„Ich auch", erklärt Jonas. „Aber wir müssen aufpassen, dass uns niemand erwischt."

„Logisch!", ruft Felix und knufft Jonas in die Seite.

Wie verabredet machen sich die drei Freunde am frühen Nachmittag auf den Weg zur Gärtnerei Ziegler. Diesmal hat Jonas Ketchup wieder mit dabei. Schwanzwedelnd läuft er zwischen Felix, Melli und Jonas hin und her, schnüffelt mal hier an einem Busch und dort an einer Hauswand.

„Ketchup gefällt der Ausflug", meint Jonas zufrieden. „Hier war er noch nie und alles riecht neu und anders."

Wie zur Bestätigung springt Ketchup ausgelassen an Jonas hoch.

„Ja, das ist cool hier, nicht?!" Jonas wuschelt Ketchup zärtlich durchs Fell. „Komm! Weiter geht's."

„Da ist es", ruft Melli wenig später und deutet auf einen leer stehenden Laden neben einer Hofeinfahrt. Über der Tür hängt noch ein Schild mit der Aufschrift „Gärtnerei Ziegler". Schnell laufen sie über den Hof hinüber zum alten Blumengeschäft.

Melli drückt sich ihre Nase an der Fensterscheibe platt. „Nichts zu sehen. Alles leer geräumt", stellt sie fest, während Ketchup an ihrem Hosenbein hochspringt.

„Vielleicht haben wir mit dem Gewächshaus dort hinten mehr Glück", hofft Felix und rennt die Einfahrt hoch. Jonas, Melli und Ketchup hinterher. Tatsächlich ist die Tür zum Glashaus nur angelehnt. Die drei sehen sich um, ob sie auch niemand beobachtet. Dann schiebt Felix langsam die Tür auf.

„Puh! Hier drinnen ist es ganz schön warm", stellt er fest und geht an ein paar leeren Regalen vorbei. Jonas läuft mit Ketchup in den hinteren Bereich, wo vielleicht einmal Pflanzen auf niedrigen Tischen standen, und Melli nimmt sich den Teil vor, wo mal die Kasse war. Doch außer ein paar leeren Blumentöpfen, einem Gartenschlauch und einem alten Besen mit Kehrblech finden sie nichts Aufregendes. Auch das Gewächshaus ist komplett ausgeräumt.

„So ein Mist!", ärgert sich Felix. „Wenn Zieglers mal ‚Krautex'-Kanister hatten, dann sind sie mittlerweile längst weggeschafft."

„Und was machen wir jetzt?", fragt Jonas in die Runde.

Felix zuckt niedergeschlagen mit den Schultern. Er hatte so sehr gehofft, dass sie hier zumindest einen kleinen Hinweis finden, der ihnen weiterhilft.

„Also, mir ist hier drin ganz schön heiß geworden. Was haltet ihr von einem Eis?", meint Melli mit einem Grinsen. „In der Eisdiele können wir bestimmt auch besser nachdenken als hier in der stickigen Bude", lacht sie und fügt hinzu: „Ich lade euch ein."

„Super!", freut sich Jonas. „Ich kann echt 'ne Pause gebrauchen."

Auch Felix grinst. „Ja, warum nicht. Ein Eis ist immer gut." Zusammen mit Ketchup laufen die drei zu ihrer Lieblingseisdiele im Kastanienweg. Kurz vor ihrem Ziel bleibt Felix plötzlich stehen und zieht die anderen beiden schnell hinter die nächste Ecke.

„He, was ist denn los?", schimpft Jonas, während er versucht, Ketchups Leine wieder zu lösen, die sich in der hektischen Aktion um seine Beine gewickelt hat. Der kleine Hund bellt aufgeregt.

„Pscht, Ketchup." Felix streichelt ihm das Fell und deutet mit dem Kopf auf die andere Straßenseite. „Da ist Robert Pfister", flüstert er. „Dort am Tisch vor dem Imbisswagen."

„Was?", blitzschnell schaut Jonas um die Ecke und zum Imbiss hinüber. Melli blickt ihm über die Schulter.

„Welcher von denen ist es?", zischt Jonas.

„Der Typ mit der Mütze. Er steht mit einem anderen Mann am Stehtisch in der Mitte", erklärt Felix.

„Sieht fast so aus, als hätten die beiden Streit", beobachtet Jonas.

„Ja, scheint ein Arbeitskollege zu sein", überlegt Melli. „Er trägt jedenfalls dieselbe Jacke wie Herr Pfister."

„Oder es ist sein Chef", überlegt Felix. „Also der neue, dieser Herr Huber. Los, kommt, wir gehen näher heran. Vielleicht können wir hören, worum es geht."

Schnell überqueren die drei mit Ketchup die Straße. Dann stellen sich Felix und Jonas mit Ketchup an den Stehtisch direkt neben Herrn Pfister und den anderen Mann, während Melli zum Imbisswagen läuft und zur Tarnung einmal Pommes mit Majo kauft.

„Mit deinem Verhalten ruinierst du unsere Gärtnerei!", zischt der andere Mann gerade aufgebracht.

„Tu ich nicht!", erwidert Robert Pfister nicht weniger wütend.

„Na, und ob! Wenn du damit nicht aufhörst, dann kannst du dir einen anderen Job suchen", erklärt der Mann grimmig. „Dann kannst du sehen, wo du bleibst."

„Ihr könnt mich doch gar nicht entlassen", meint Herr Pfister trotzig.

„Wirst schon sehen, was wir können", sagt der Mann und hebt drohend den Zeigefinger.

Erschrocken fängt Ketchup an zu knurren.

„Alles gut", sagt Jonas sanft und streichelt Ketchup beruhigend über den Kopf. „Keiner tut dir etwas."

Der Mann schaut flüchtig zu Jonas rüber und lässt den Arm wieder sinken. Dann schnappt er sich seine leere Pappschale und stapft zum nächsten Mülleimer. Robert Pfister tut es ihm gleich. Danach trennen sich ihre Wege. Robert Pfister steigt in seinen weißen Kastenwagen mit der Aufschrift ‚iegler' und braust davon.

„Der Mann neben Robert Pfister, das war tatsächlich Herr Huber", berichtet Felix aufgeregt, als Melli wenig später mit der Portion Pommes in der Hand neben ihnen steht.

„Und Robert Pfister tut etwas, was der Gärtnerei Huber schadet", erzählt Jonas nicht weniger aufgekratzt. „Deshalb ist sein Chef total wütend auf ihn. Er hat ihm sogar gedroht, ihn rauszuschmeißen."

„Und wir wissen auch, warum." Mellis Augen beginnen zu funkeln. „Robert Pfister entsorgt heimlich den Giftmüll seines alten Arbeitgebers."

„Genau, und wenn das rauskommt, ist der gute Ruf der Gärtnerei Huber natürlich gleich mit futsch", meint Felix. „Dann glaubt doch jeder, dass das ‚Krautex' Hubers gehört und sie es einfach in die Umwelt kippen."

„Oder von Herrn Pfister kippen lassen", ergänzt Jonas und nimmt sich eine Pommes. „Alschoo diescher Kerl isch definitiv unser Täter", sagt er mit vollem Mund.

„Das denke ich auch", erklärt Felix mit düsterem Blick. „Deshalb müssen wir ihn ab jetzt unbedingt im Auge behalten. Vielleicht muss er ja doch noch den einen oder anderen Kanister ‚Krautex' von Zieglers entsorgen. Wer weiß, vielleicht haben sie die irgendwo versteckt und er fährt immer mal wieder einen weg, damit es nicht so auffällt …" Nachdenklich tippt er eine Pommes in die Majo.

„Und dabei schnappen wir ihn!", meint Jonas und reckt die Faust in die Luft.

„Na, hoffentlich", Melli seufzt. „Wir können Herrn Pfister ja leider nicht rund um die Uhr beschatten."

„Stimmt, aber mit ein bisschen Glück können wir den fiesen Froschmörder bald überführen", erklärt Felix voller Tatendrang. „Gleich morgen nach der Schule fahren wir zu Hubers. Dort versuchen wir herauszufinden, wo Herr Pfister gerade steckt, und heften uns schließlich an seine Fersen."

„Prima Plan!", ruft Jonas begeistert und auch Melli ist einverstanden.

„Okay, versuchen wir es." Sie nimmt die letzte Pommes und schmeißt die Pappschale in den Mülleimer.

In großer Gefahr

Am nächsten Tag um kurz nach zwei stehen Jonas, Melli und Felix vor dem großen Blumenladen der Gärtnerei Huber und schauen durch die offene Tür. Drinnen ist ganz schön was los. Gleich vier Kunden auf einmal drängen sich um Frau Huber.

„Die Arme", meint Melli mitfühlend. „Sie weiß gar nicht, um wen sie sich als Erstes kümmern soll."

„Ist doch super!", freut sich Felix. „Bei so viel Andrang fällt es bestimmt keinem auf, wenn wir uns hier ein wenig umschauen. Also los, machen wir uns auf die Suche nach Herrn Pfister!"

Die drei gehen in den Laden und schauen sich um. Sie entdecken Rosen, Tulpen, Margeriten, Kübel mit Stiefmütterchen und Alpenröschen, Blattgewächse und sogar die eine oder andere Palmenart.

„Da hinten ist das Regal mit dem Mittel gegen diese Raupen, die Buchsbäume kahl fressen", erinnert sich Melli.

„Und noch eine ganze Reihe anderer Kanister", sagt Jonas nachdenklich. „Ob da auch ‚Krautex' dabei ist?"

„Glaub ich nicht", meint Felix zweifelnd. „So ein Zeug bewahrt man doch nicht mitten in einer Gärtnerei auf, wo es auch Kunden sehen könnten. Schließlich ist ‚Krautex' megaschädlich für die Umwelt und deshalb verboten."

„Außerdem ist Robert Pfister unser Verdächtiger und nicht die Gärtnerei Huber", erinnert Melli die beiden. „Und selbst wenn die Hubers auch ‚Krautex' hätten, sie haben gar kein Motiv. Warum sollten sie es im Tümpel entsorgen? Hier ist doch so viel Platz, da kann man locker fünfzig Kanister verstecken." Melli deutet aus dem Ladenfenster in Richtung einer großen Garage mit Tor. „Da drinnen zum Beispiel würden sie keinem auffallen."

„Stimmt", muss Jonas zugeben. „Von Herrn Pfister fehlt leider jede Spur." Enttäuscht lässt er die Schultern hängen.

„Aber sein Wagen parkt direkt neben der Garage", ruft Felix erfreut, als er den weißen Kastenwagen entdeckt. Vielleicht finden sie darin ja einen Beweis dafür, dass Robert Pfister das ‚Krautex' tatsächlich mit seinem Bulli entsorgt hat? Felix spürt, wie es in seinem Bauch vor Aufregung anfängt zu kribbeln, und flitzt nach draußen. Er rennt noch ein paar Schritte. Doch dann stoppt er plötzlich, als er die Aufschrift am Auto entdeckt. „Gärtnerei Huber. So ein Mist!", brummt Felix. „Die Hubers fahren also auch einen weißen Bulli …"

„Da vorne beim Holzschuppen!", ruft Jonas in diesem Moment aufgeregt und läuft an Felix vorbei den Hof hinunter. „Ist das der Bulli, der am Gemeindehaus stand?", fragt er.

Schnell folgt Felix ihm und spürt, wie sein Herz einen freudigen Hüpfer macht.

„Ja, das ist der Wagen." Dieses Mal ist es der richtige! Felix wirft einen Blick durch das Fenster auf der Fahrerseite.

„Puh, das ist ja die reinste Müllhalde auf Rädern. Überall Bonbonpapier und leere Getränkeflaschen."

„Tatsache", meint Jonas, der sich die Nase an der Scheibe auf der anderen Seite des Wagens platt drückt.

Dann versucht Jonas, die Beifahrertür zu öffnen. Es klappt! Vorsichtig schiebt er den Abfall zur Seite und klettert ins Auto.

Melli schnappt nach Luft. „Bist du verrückt? Was machst du denn da?", zischt sie und schaut sich panisch um, ob sie auch niemand sieht.

„Beweise suchen", antwortet Jonas prompt.

„Ein Kanister ‚Krautex' passt wohl kaum in ein Handschuhfach", raunt ihm auch Felix zu und läuft nach hinten zur Ladefläche.

„Wenn, dann müssen wir hier nachsehen." Er schaut noch einmal um den Wagen herum zum Laden. Niemand kommt heraus. Keiner scheint ihre Durchsuchungsaktion zu bemerken. „Gut so", denkt Felix. Dann drückt er ganz vorsichtig den Hebel nach unten und zieht die Tür auf. Jonas und Melli warten gebannt neben ihm, bis sie in das dunkle Innere blicken können.

Doch die Ladefläche ist leer!

„Schade!", brummt Felix und lässt enttäuscht die Schultern hängen. Er hatte so sehr gehofft, im Kastenwagen wenigstens einen einzigen brauchbaren Hinweis zu finden – darauf, wo Herr Pfister sich aufhält, ob er das ‚Krautex' mit dem Wagen weggefahren hat oder ob er sogar noch etwas plant.

„Kopf hoch, vielleicht …" Melli sucht fieberhaft nach einer neuen Idee, mit der sie Felix aufmuntern kann. Nachdenklich geht sie ein paar Schritte. Da fällt ihr ein kleiner blauer Fetzen Papier auf, der unter der Schuppentür hindurchlugt. „Was ist das denn?" Melli bückt sich und zieht ihn hervor. „Da ist ein Totenkopf drauf", stellt sie erschrocken fest.

„Das ist das Zeichen für Giftstoffe", weiß Jonas. „Leute, das Etikett von ‚Krautex' ist auch blau und darauf ist ein Totenkopf", platzt es dann aus ihm heraus.

„Dann sind die Kanister, die wir suchen, vielleicht hier im Holzschuppen", vermutet Melli nun ebenfalls total aufgeregt. „Schließlich parkt der Wagen von Robert Pfister ja auch direkt daneben."

„Gut möglich!" Sofort ist Felix wieder obenauf. „Vielleicht hat Herr Pfister die alten ‚Krautex'-Behälter bisher ja in seinem Auto gelagert. Doch nun hat er sie woanders versteckt, weil …" Felix macht eine kurze Pause, „… man die Kanister dort ja viel leichter entdecken kann als im Schuppen", meint er dann. „Ich schau nach!"

Doch Jonas ist schneller. Schon steht er an der Schuppentür und ruckelt an einem Vorhängeschloss. „Abgeschlossen!", stellt er fest, macht auf dem Absatz kehrt und flitzt zurück zum Auto.

„Was hat er denn jetzt vor?", fragt Melli verwirrt.

Felix zuckt mit den Schultern. „Kein Ahnung."

Da ist Jonas auch schon wieder am Schuppen. In seiner Hand hält er einen Schlüsselbund. „Lag neben dem Schaltknüppel", erklärt er lachend und beginnt mit der Suche nach dem passenden Schlüssel. „Der hier könnte es sein." Jonas probiert. „Nee, aber vielleicht der hier … Auch nicht …"

Felix tippelt hinter Jonas vor lauter Aufregung von einem Bein auf das andere.

„Mensch Felix, dein Herumgehampel macht mich ganz nervös", beschwert sich Melli.

Felix schaut schuldbewusst, kann aber einfach nicht still stehen.

„Der passt!", ruft Jonas endlich und öffnet die Schuppentür.

Gespannt werfen die drei einen Blick hinein. Neben einer Schubkarre, einem Rasenmäher, verschiedenen Harken und Rechen stehen ganz hinten an der Wand …

„Weiße Kanister", murmelt Felix und sein Herz klopft immer schneller. Schon ist er im Schuppen verschwunden. „Mit blauen Etiketten."

Melli und Jonas folgen ihm.

Da schlägt plötzlich die Tür hinter ihnen zu. Erschrocken wirbeln die drei Kinder herum. Im Schuppen ist es jetzt stockdunkel. Vorsichtig tastet sich Melli Richtung Ausgang.

„Zu! Wir sind eingesperrt", jammert sie ängstlich. „Was machen wir denn jetzt?"

„Ich weiß nicht", antwortet Felix kleinlaut. Warum haben sie nur nicht besser aufgepasst? Einer von ihnen hätte Wache halten müssen! Aber sie waren einfach viel zu aufgeregt und wollten sofort im Schuppen nachsehen. „Und nun sitzen wir in der Falle!" Felix merkt, wie Panik in ihm aufkommt.

„Vielleicht hat Herr Pfister uns beobachtet, wie wir hier herumgeschnüffelt haben", überlegt Jonas und seine Stimme überschlägt sich dabei fast vor Angst.

„Und wenn er gehört hat, dass wir nach ‚Krautex' suchen …", beginnt Melli und ihre Augen weiten sich vor Schreck.

„… dann haben wir jetzt ein ziemlich großes Problem", flüstert Felix heiser. Er hat auf einmal einen dicken, fetten Kloß im Hals. Wie konnten sie nur so unvorsichtig sein und zu dritt in den Schuppen laufen! Wäre einer von ihnen doch bloß draußen geblieben und hätte sich versteckt, dann säßen sie jetzt nicht alle in der Falle. Aber so …

„Wir stecken ziemlich in der Tinte", murmelt Jonas niedergeschlagen.

Da reißt plötzlich jemand die Schuppentür auf. Felix, Jonas und Melli zucken zusammen. Vom Licht geblendet, können sie nicht gleich erkennen, wer es ist.

„Seid ihr okay?"

Es ist Robert Pfister!

Wie angewurzelt stehen die drei da und starren ihn an. Dann beginnt Felix zu schreien.

„He, keine Angst, ich tu euch nichts", versucht Herr Pfister sie zu beruhigen. „Ich habe sogar schon die Polizei gerufen."

„Sie?"

„Die Polizei?"

„Aber …?"

Felix, Jonas und Melli verstehen gar nichts mehr.

„Aber … wir dachten … dass Sie … na ja", stammelt Felix.

„Dass ich …?", hakt Herr Pfister nach. „Was dachtet ihr von mir?", fragt er mit einem Schmunzeln.

„Wir dachten, dass Sie …" Felix schaut Hilfe suchend von Jonas zu Melli.

„… ‚Krautex‘ im Tümpel von Bauer Kerbel entsorgt haben", flüstert Melli schließlich schüchtern.

„Ich?!" Herr Pfister schüttelt ungläubig den Kopf. „Warum denn ausgerechnet ich?"

„Weil … na ja … Sie waren … vor dem Gemeindehaus", stottert Felix nervös.

„Oh, warte, wir haben uns vor ein paar Tagen schon einmal getroffen", erinnert sich Herr Pfister nun an Felix.

Felix nickt.

„Da war ich wohl ziemlich unfreundlich, was?" Herr Pfister kratzt sich verlegen am Kinn. „Tut mir echt leid! Aber ich habe mich so über die Hubers geärgert, das könnt ihr euch gar nicht vorstellen!", beginnt er zu erzählen. „Sie waren das nämlich mit dem ‚Krautex'! Ich habe schon seit Langem den Verdacht, dass sie ihren Sondermüll irgendwo illegal in die Umwelt kippen. Aber bisher konnte ich ihnen nichts nachweisen. Sie haben jedes Mal dafür gesorgt, dass ich nicht in der Nähe war, wenn sie das Zeug weggeschafft haben."

„… mit ihrem weißen Kastenwagen, der uns fast umgefahren hätte", murmelt Felix. Jetzt wird ihm so einiges klar.

„Dann haben Sie uns auch nicht hier eingesperrt?", fragt Jonas immer noch ziemlich verwirrt.

„Das war Frau Huber", antwortet Herr Pfister prompt. „Ich habe es zufällig gesehen, als ich eine Ladung frischer Schnittblumen aus dem Gewächshaus in den Laden bringen wollte."

„Ganz richtig!"

Hinter Robert Pfister tauchen plötzlich Herr und Frau Huber auf, beide mit großen Heckenscheren in den Händen.

„Wir hätten dich niemals einstellen dürfen", keift Frau Huber und ihre Augen funkeln zornig. „Das war ein Riesenfehler!"

„Nehmen Sie die Scheren runter", fordert Herr Pfister und macht einen Schritt rückwärts. Schützend hält er die Arme vor die Kinder. „Ihr größter Fehler ist das Entsorgen von Giftmüll in der Natur."

„Pah! Mach nicht so einen Aufstand wegen ein paar toter Bienen“, sagt Herr Huber grimmig. „Wenn ich das Zeug zur Mülldeponie fahre, kostet mich das ein Vermögen.“

„Frösche!“, sagt Melli leise, aber bestimmt.

„Wie bitte?“, fragt Herr Huber irritiert.

„Es sind Frösche!“, wiederholt Melli nun mit fester Stimme. „Keine Bienen.“

„Sieh mal an, die kleine Rotzgöre hat auch was zu vermelden“, meint Frau Huber da und deutet mit der Schere auf Melli. „Mal schauen, ob du noch so neunmalklug daherschwatzt, wenn wir …“

In diesem Augenblick fährt ein Polizeiwagen auf das Gelände der Gärtnerei und zwei Beamte springen eilig heraus. Felix, Jonas und Melli atmen erleichtert auf.

„Fallen lassen“, ruft einer der Polizisten schon von Weitem und deutet auf die Heckenscheren in den Händen der Hubers.

Irritiert sehen die beiden sich an. Dann legen sie rasch die Scheren auf die Erde. „Gut, dass Sie da sind, Herr Wachtmeister“, flötet Frau Huber jetzt mit zuckersüßer Stimme. „Diese drei Kinder sind hier eingebrochen und …“

„Das können Sie uns in Ruhe auf der Wache erzählen“, unterbricht sie der Beamte. „Sie sind vorläufig festgenommen wegen Freiheitsberaubung und Bedrohung mit einer Waffe.“

„Wer hat uns angerufen?“, fragt der andere Polizist in die Runde, während er und sein Kollege den Hubers Handschellen anlegen.

„Das war ich“, antwortet Robert Pfister.

Schnell berichtet er nun, was passiert ist. Danach sind Felix, Jonas und Melli dran. Sie erzählen den Polizisten, die sich als Herr Meier und Herr Klein vorstellen, was sie alles herausgefunden haben. Die beiden staunen nicht schlecht.

„Wow, ihr seid ja richtige Detektive!", sagt Herr Meier schließlich anerkennend.

„Aber dass das ziemlich schnell sehr gefährlich werden kann, habt ihr jetzt auch erfahren", mahnt Herr Klein.

Felix, Jonas und Melli nicken und schauen betreten auf ihre Füße.

„Außerdem haben wir bis zum Schluss den Falschen verdächtigt", erklärt Felix und schielt verlegen zu Herrn Pfister rüber.

„Ach, kein Problem!", meint dieser lässig. „Hauptsache, die Hubers schütten ab jetzt keinen Giftmüll mehr in die Natur, richtig?"

„Warum haben sie das eigentlich getan?", fragt Melli da verwundert. „Hier ist doch so viel Platz! Sie hätten das ‚Krautex' doch ganz einfach irgendwo abstellen können, zum Beispiel hier im Schuppen."

„Einer der Kanister war undicht und ist ausgelaufen", weiß Robert Pfister. „Mitten im Laden, das hat vielleicht gestunken, sag ich euch. Einfach schrecklich! Vier Tage lang konnten wir darin keinen einzigen Kunden bedienen. Herr Huber war stinksauer und hat beschlossen, dass das Zeug wegmuss, und zwar so schnell, wie es geht."

„Und möglichst billig", ergänzt Felix. „Was für eine Sauerei!"

„Nun wird es für die Hubers jedenfalls richtig teuer", meint Herr Meier da. „Sie werden für die Reinigung des Tümpels aufkommen müssen."

„Pah, dazu müssen Sie erst mal beweisen, dass der wirklich mit ‚Krautex' vergiftet wurde", poltert Herr Huber los. Er und seine Frau stehen mit Handschellen gefesselt mit Herrn Klein am Polizeiauto und schauen trotzig in die Runde.

„Kein Problem", sagt Jonas und grinst. „Die Ergebnisse der Wasseruntersuchung kommen morgen."

Herr Huber schnappt aufgebracht nach Luft. „Das ist doch …"

„Sie haben jetzt erst mal Sendepause!", schneidet Herr Klein Herrn Huber das Wort ab und keine fünf Minuten später sitzen er und seine Frau gut verwahrt auf der Rückbank des Streifenwagens.

„Ihr kommt bitte morgen Nachmittag mit euren Eltern zur Wache, um eure Aussage zu Protokoll zu geben", sagt Herr Meier noch an die drei Kinder gewandt, bevor er einsteigt. „Und die Ergebnisse der Probe bringt ihr am besten auch gleich mit."

„Machen wir", versprechen Felix, Jonas und Melli im Chor. Dabei grinsen die drei wie Honigkuchenpferde vor Glück.

Schließlich fahren die Polizisten mit den Hubers davon.

„Wir müssen uns echt bei Ihnen bedanken", wendet sich Melli nun an Herrn Pfister. „Wer weiß, was die Hubers mit uns gemacht hätten, wenn Sie uns nicht geholfen und die Polizei gerufen hätten."

„Gern geschehen!", sagt Robert Pfister augenzwinkernd und hält zuerst Melli, dann Jonas und schließlich Felix die Hand hin. Lachend schlagen die drei nacheinander ein.

Der große Tag

Am nächsten Tag gehen Felix, Jonas und Melli mit ihren Eltern zum Polizeirevier, um dort ihre Aussage zu machen. Ihre Eltern waren alle erst einmal ganz schön erschrocken, als die drei ihnen am Abend von ihrem Abenteuer erzählt haben, doch nun sind sie einfach nur stolz auf ihre drei Superdetektive, zumal alles gut ausgegangen ist.

Im Polizeirevier empfängt Frau Bringhof die Kinder am Tresen. Jonas zieht schon mal einen Umschlag aus der Tasche und hält ihn hoch. „Darin sind die Ergebnisse der Wasseruntersuchung und mein Onkel sagt, die sind eindeutig", erzählt er nicht ohne Stolz

und reicht ihn der Polizistin. „Der Tümpel wurde mit ‚Krautex‘ vergiftet.“

„Vielen Dank!“, meint Frau Bringhof und nimmt den Umschlag an sich. Dann hält sie kurz inne. „Es tut mir leid, dass ich euch anfangs nicht geglaubt habe, was die toten Frösche angeht.“ Sie schaut etwas verlegen.

„Schon okay!“ Felix winkt ab. „An Ihrer Stelle hätte ich uns auch nicht geglaubt, so ganz ohne Beweise.“

Frau Bringhof lächelt und wendet sich dann zum Gehen. „Dann nehmen wir jetzt mal eure Aussagen auf!“ Sie führt die Kinder in ein Büro.

Nachdem alle drei ihre Version der Geschehnisse erzählt haben, notiert Frau Bringhof zufrieden ein paar Stichpunkte. „Die Wasseruntersuchung zusammen mit euren Aussagen und der von Herrn Pfister reicht allemal für eine Anklage gegen die Hubers. Auch wenn die beiden weiterhin beharrlich schweigen“, erklärt sie zuversichtlich.

„Klasse!“ Felix strahlt seine Freunde an. Sie haben es tatsächlich geschafft! Auch Jonas und Melli sehen ziemlich zufrieden aus.

„Auf euch wartet draußen übrigens noch jemand.“ Frau Bringhof zwinkert den dreien geheimnisvoll zu und deutet hinaus auf den Flur.

„Wer denn?“, fragt Jonas neugierig.

„Schaut doch einfach mal nach“, meint Frau Bringhof fröhlich und verabschiedet sich. „Tschüss, macht's gut. Und es wird nicht mehr herumkriminalisiert, verstanden?“ Sie sieht die Kinder kurz streng an, muss dann aber schon wieder lachen.

„Alles klar!“, „Okay!“, „Tschüss!“, rufen Felix, Jonas und Melli ihr noch zu und laufen hinaus auf den Flur.

Draußen vor dem Büro sitzt …

„Bauer Kerbel!", ruft Melli.

„Hallo, ihr drei, das habt ihr wirklich toll gemacht", lobt er, kaum dass Felix, Jonas und Melli vor ihm stehen. „Ich habe eine kleine Überraschung für euch. Am kommenden Samstag veranstalte ich ein kleines Hoffest mit Ponyreiten, Kuchenschlacht und allem, was sonst noch dazugehört. Und ihr seid natürlich herzlich eingeladen."

„Spitze!"

„Wahnsinn!"

„Dürfen unsere Freunde aus der Kommunionvorbereitung und Pfarrer Berg auch mitfeiern?", erkundigt sich Melli aufgeregt.

„Aber natürlich!", antwortet Bauer Kerbel.

Die drei jubeln und freuen sich schon darauf, den anderen Kindern aus der Kommuniongruppe und Pfarrer Berg davon zu erzählen. Hoffentlich haben auch alle Zeit, denkt Felix noch, als sie mit ihren Eltern wieder die Polizeiwache verlassen. Dann wird das bestimmt ein klasse Fest! Er muss sofort Nils und Leni anrufen, wenn sie wieder zu Hause sind.

Tatsächlich wird es am Samstag ein richtig schöner Nachmittag! Alle Kinder der Kommuniongruppe und Pfarrer Berg sind gekommen. Und sogar das Wetter spielt mit. Bei strahlendem Sonnenschein haben alle eine Menge Spaß.

„Also, von mir aus könnt ihr gerne öfter Verbrecher jagen", sagt Nils lässig, während sie abends am Lagerfeuer sitzen und Würstchen grillen. „Wenn es danach immer so ein tolles Fest gibt."

„Schon klar!", meint Jonas und verdreht lachend die Augen.

„Was passiert jetzt eigentlich mit dem Gift im See?", will Melli da wissen.

„Ich habe tatsächlich eine Spezialfirma gefunden, die das Wasser reinigen kann", berichtet Bauer Kerbel. „Gleich nächste Woche fangen sie an."

„Das klingt super!", freut sich Felix.

„Und sobald der See wieder sauber ist, kümmern wir uns um unser Baumhaus", raunt Jonas Felix und Melli zu.

Die beiden strecken lachend ihren Daumen nach oben.

„Stimmt, das haben wir in all der Aufregung ja total vergessen", gibt Melli ihm recht.

„Aber erst mal feiern wir morgen Kommunion", sagt Felix und seine Augen leuchten voller Vorfreude.

Am nächsten Tag ist es endlich so weit. Der große Tag ihrer Erstkommunion ist gekommen. Als Felix das Gemeindehaus von Sankt Anna betritt, sind Jonas und Melli schon da und auch Nils, Kathi und Ben reden aufgeregt miteinander. Schnell läuft Felix zu den anderen hinüber.

„Hi, ihr seht toll aus", sagt er grinsend. Er selbst trägt ein weißes Hemd, einen dunkelblauen Anzug und sogar eine passende Krawatte.

„Du sieht aus wie eine Miniausgabe von meinem Papa, wenn er mit Mama ins Theater geht", kichert Melli.

Felix verdreht die Augen und reckt den Hals. „So ein Schlips ist total ungewohnt. Aber du siehst super aus in deinem weißen Kleid und mit den Margeriten im Haar."

„Danke!", freut sich Melli und dreht sich einmal um die eigene Achse.

In diesem Augenblick kommt Jonas mit seinen Eltern um die Ecke. Er hat ebenfalls einen Anzug an, aber keine Krawatte.

„Ich habe auch so ein Ding", sagt er lachend, als er Felix' unglückliches Gesicht sieht. „War mir aber zu unbequem. Jetzt liegt es zu Hause auf meinem Schreibtisch."

Schnell nimmt Felix den Schlips ab und reicht ihn seiner Mutter.

„Schon viel besser!", meint er dann und grinst. „Jetzt kann es losgehen."

Da beginnen die Glocken zu läuten, die Kinder laufen mit ihren Eltern zur Kirche hinüber und Pfarrer Berg erscheint mit den Messdienern am Kircheneingang. Er lächelt den Kommunionkindern fröhlich zu und dann ziehen sie feierlich in die festlich geschmückte Kirche ein.

„Dort in der letzten Bank, da sitzt Herr Pfister." Felix hat den Gärtner gleich entdeckt und stupst Jonas und Melli an.

Lachend winkt Robert Pfister den dreien zu.

„Und seine Blumengestecke sind soooo schön", flüstert Melli verträumt.

Nachdem die Hubers verhaftet worden waren, hat sich Herr Pfister sofort bereiterklärt, sich um den Blumenschmuck in der Kirche zu kümmern. Auch die Margeritensträuße für Felix' und Mellis Kommuniontische hat er zusammengestellt.

„Das lasse ich mir nicht nehmen!", hat er erklärt und Wort gehalten.

„Meine Mutter ist auch ganz hin und weg!", erzählt Felix leise.

„Die Gäste werden begeistert sein!", imitiert er die Reaktion seiner Mutter auf die Margeritengestecke. Melli kichert und sie nehmen in der für sie reservierten Kirchenbank Platz.

Da fängt die Orgel an zu spielen und die Messe beginnt.

Noch vor dem Evangelium erzählt Pfarrer Berg der Gemeinde, was die Kommunionkinder während ihrer Vorbereitung alles erlebt haben. Er berichtet von der Müllsammelaktion im Stadtpark und davon, dass Felix, Jonas und Melli sogar mitgeholfen haben, zwei Umweltsünder zu überführen.

„Was für ein großartiges Engagement für Gottes schöne Schöpfung!", betont Pfarrer Berg noch einmal am Ende und die Gemeinde klatscht begeistert.

„Cool!", denkt Felix glücklich und strahlt mit den anderen um die Wette.

Nach ein paar weiteren Liedern und der Predigt stellen sich die Kinder im Halbkreis um den Altar auf und Pfarrer Berg gibt jedem von ihnen zum ersten Mal die Kommunion. Felix fühlt sich gleich ein Stückchen größer, fast schon erwachsen. Dann setzt er sich wieder mit den anderen in die Bank. Sie singen noch zwei weitere Lieder, reichen sich die Hand zum Friedensgruß und schließlich spricht Pfarrer Berg das Abschlussgebet. Zu lautem, festlichem Orgelspiel ziehen Felix, Melli, Jonas und die anderen Kommunionkinder wieder aus der Kirche aus.

Draußen auf dem Vorplatz werden sie schon von vielen Gästen und ihren Eltern erwartet. Felix' Vater schießt noch ein paar Erinnerungsfotos, eins mit Felix' Großeltern, ein weiteres mit Felix' Paten und zum Schluss eins mit Jonas, Melli und Herrn Pfister.

Plötzlich grummelt Felix' Bauch ganz laut. „Ups!" Verlegen schaut er in die Runde. Vor lauter Aufregung hatte er heute Morgen einfach nichts frühstücken können.

„Ich glaub, ich brauche jetzt ganz dringend etwas zu essen", sagt Felix' Patentante Heike und zwinkert Felix zu.

„Ich auch!", meint Felix lachend. „Pommes, Schnitzel und ganz viel Schokokuchen."